我
思

敢于运用你的理智

太 古 丛 书

古老中国的现代转型

学问与革命

章太炎文选

章太炎 著

长江出版传媒 崇文书局

图书在版编目（CIP）数据

学问与革命：章太炎文选 / 章太炎著；梅愚选编.
— 武汉：崇文书局，2019.9
（太古丛书）
ISBN 978-7-5403-5258-5

Ⅰ. ① 学…
Ⅱ. ① 章… ② 梅…
Ⅲ. ① 章太炎（1869-1936）—选集
Ⅳ. ① B259.21

中国版本图书馆 CIP 数据核字（2018）第 238440 号

我思

敢于运用你的理智

学问与革命：章太炎文选

出　　品　崇文书局人文学术出版中心
策 划 人　梅文辉（mwh902@163.com）
责任编辑　梅文辉
出版发行　长江出版传媒 | 崇文书局
地　　址　武汉市雄楚大街 268 号 C 座 11 层
电　　话　（027）87680797　邮政编码　430070
印　　刷　武汉中科兴业印务有限公司
开　　本　880mm×1230mm　1/32
印　　张　6
字　　数　124 千字
版　　次　2019 年 9 月第 1 版
印　　次　2019 年 9 月第 1 次印刷
定　　价　30.00 元

（读者服务电话：027—87679738）

目　录

第一编

明独（1894）

遇灵星舞僮而谓之曰："子材众庶也。"则按剑而恶。俄而曰："子材固卓荦，天上所独也。"则笑屑然有声矣。则又曰："子入世不能与人群，独行而已。"则又按剑恶。乌乎！是何于名誉则欲其独，而入世则以独为大邮也？彼痼俗也，僮子且然，而况丈夫哉！

眯夫，其乱于独之名实！夫大独必群，不群非独也。是故卓诡其行，虓然与俗争，无是非必胜，如有捲勇，如不可敌者，则谓之鸷夫而已矣；厚其泉贝，膏其田园，守之如天府之宲，非己也，莫肯费半菽也，则谓之啬夫而已矣；深溪博林，幽闲以自乐，菑华矣，不菑人也，觞鸟矣，不觞宾也，过此而靓，和精端容，务以尊其生，则谓之旷夫而已矣。三者皆似独，惟不能群，故靳与之独也。

大独必群，群必以独成。日红采而光于鼀，天下震动也；日柳色而光于夕，天下震动也；使日与五纬群，尚不能照寸壤，何暇及六合？海尝欲与江河群矣，群则成一渠，不群则百谷东流以注壑，其灌及天表。曰：与群而成独，不如独而为群王。灵鼓之翁博，惟不与吹管群也，故能进众也。使嘉木与莸群，则莫荫其下，且安得远声香？凤之冯风也，尐雏不能群，故卒从以万数。贞虫之无耦，便其独也，以是有君臣，其类浥盛。繇是言之，小群，大群之贼也；大独，大群之母也。

不眯于独，古者谓之圣之合莫，抱蜀不言，而四海讙应，人君之独也。握其节，莫于分其祘，士卒无敢不用命，大帅之独也。用心不枝，孑然与精神往来，其立言，诵千人，和万人，儒墨之独也。闭阁而省事，思凑单微，发其政教，百姓悦从如蒲苇，卿大夫之独也。总是杂术也，以一身教乡井，有贤不肖，或髗之，或挞之，或具染请之，皆磬折而愿为之尸，父师之独也。吾读范氏书，至《独行传》，迹其行事，或出入党锢。嗟乎，非独，何以党哉！

古之人欤，其独而群者，则衣冠与骨俱朽矣。今之人，则有钱唐汪翁。其性廉制，与流俗不合。自湖北罢知县归，人呼曰“独头”，案：独头，语甚古。《水经·河水注》“河北雷首山”引阚骃《十三州志》云：“山一名独头，山南有古冢，陵柏蔚然，攒茂丘阜，俗谓之夷齐墓。”是则以其狷介赴义，号曰独头，因名其山矣。自命曰“独翁”，署所居曰“独居”。章炳麟入其居，曰：“翁之独，抑其群也。”其为令，斡榷税，虽一锱不自私，帑臧益充，而同官以课不得比，怨之，其群于国也。罢归，遇乡里有不平，必争之，穷其氏，豪右衔忿，而寡弱者得其职姓，其群于无告者也。诗礼必抨弹，繇礼必善，其群于知方之士也。夫至性恫天下，博爱尚同，辀录以任之，虽贾怨不悔，其群至矣，其可谓独欤？入瞽师之室，则视者独矣；入伛巫跛击之室，则行者独矣。视与行，至群也，而有时谥之曰独。故夫独者群，则群者独矣。人独翁，翁亦自独也，案以知群者之鲜也。

乌乎！吾求群而不可得也久矣。抑岂无斟辞以定民者，吾与之耦？天下多败群。窥是而入吾邻，则吾邻败矣；窥是而入吾屯，则吾屯败矣。是故西入周南，而东入郁镁之都，傥得一二。当是时，社庙未迁，官号未革，权概未变，节簜未毁；俎犹若俎，钲犹若钲，羽犹若羽，籥犹若籥，戚犹若戚；而文武解弛，举事丧实，禁掖持柄，无政若雨。是为大群之将涣，虽有合者，财比于虮虱。于是愯然而流汗曰：“于斯时也，是天地闭、贤人隐之世也。”虽然，目睹其支体骨肉之裂而不忍，去之而不可，则惟强力忍诟以图之。

余，越之贱氓也。生又羸弱，无骥骜之气，焦明之志，犹憯凄忉怛，悲世之不淑，耻不逮重华，而哀非吾徒者。窃闵夫志士之合而莫之为缀游也，其任侠者又吁群而失其人也，知不独行不足以树大旅。虽然，吾又求独而不可得也。于斯时也，是天地闭、贤人隐之世也。吾不能为狂接舆之行吟，吾不能为逢子庆之戴盆。吾流污于后世，必矣！

《訄书》初刻本第24篇

变法箴言（1897）

孙灏与章炳麟见于分江之滨。炳麟方读《管子》及《佐治刍言》，魂精泄横，憖然似非人。孙灏曰："自马关之盟，士气振动，至于今三年，与民变革，宜得一二成就。今吾观子之色，一似重有戚者。何也？"

章炳麟喟然而长息曰：呜呼！大波将激，大火将爁，而无忧怖者，其人情乎哉！彼老子有言曰："抗兵相加，哀者胜矣。"非独兵也，庶事莫不然。雪霜既降，枝叶既凋，而根荄不枯于下，惟哀是赖。粤、捻之乱，曾、胡哀者也；热河之狩，恭亲王哀者也。往者士大夫不思经世之业，而沾沾于簿书期会，以为大故，震荡回薄，以有今日，此上天所以哀下民，使无佚乐。故议变法者，吾党之责也，方唈僾而道之。今吾观于瑰意琦行之士，则有二病焉：华妙云乎，猝暴云乎，其病虽异征，皆中于不弘毅，成于不哀。己之不变，其奚能变人？吾是以有大戚也。

曰其病何如？遽数之，不能终其物；悉数之，请更仆以尽终始。创巨而痛深者，宜专精厉意，审所以改弦更张，至人无余思则止。吾悲夫华妙之子，耻功利为不足邵，而骛心于教之流别，必假贷于浮屠以为宠灵。浮屠氏之书，吾无訾謷焉。龙池须弥，吾据之足以考地望；夜叉阿修罗，吾据之足以辨种族。其近实者，九能之士，固将有事焉尔；其深微渊眇，知帝之悬解，而不剀切于民事，张弛之义，宜有所先后。且今之世，末法世也。浮屠之运，神歇灵绎，贤劫未尽，弥勒未出世，虽有贤哲，固无以昌明其教。而徒费日损功以自游衍，日睹闻百姓之啼号宛转而欲以空言济之也，魏、晋人之清言，其复见矣。大儒之处世，言无取窕，事无取闳大，苟有可用，虽跖之粘牡，越人之不龟手，方伛偻以承之；若其无用，蜚蓬之问，不在所宾，其说虽涵元气入无间，无所过而问。方今疆圉日棘，黔首罹瘼，愚贱者无计虑，而酖毒之晏安，仕宦之子，则择利便，据形势，置齐州不恤。务得趣死不顾之人以振之，患犹可弭。志果忧天下，宜醮额竭思，斟酌西法，则而行之，展布四体，以冀豪毛之益。

今不攻坚石而攻玉屑，不宝周鼎而宝五石之瓠，悲夫！昔明之季，尝以谈禅为荣矣。志节虽盛，而其气呰窳，无能济变。其贤者则以王之厨馔嫔御腥蝼膻恶而不可近，而视天下事若尘垢；不贤者则藉巧说琦辞以为名高，至于敌情之狡诈，兵力之盛衰，地形之险易，蓄藏之充虚，一切不省。渡江而东，不能居一岁，再亡于闽，三亡于缅甸，夫孰任之咎也。今志节远不逮明人，而循其谈禅之轨，则士气愈委靡，民志愈涣散，求再亡三亡而不可得，而暇变法乎哉？

乳犬之攫虎，伏鸡之搏狸，精诚至矣，而人以为大愚。气球之初举，过十里则跷，南孙求北极，几葬坚冰，亦琐材而任重者也。虽然，以墨子视之，则骜杰矣。变法者，非口说也，必躬自行之；躬自行之而不可济，必赴汤火、冒白刃以行之。古者改制度、定文章，必乘龛刘之后。方日本之议尊攘，忤大将军意，逮系数百，断项绝脰，而气不少衰。至于书生剑客，慷慨国事，竞为诡激，横刀曰攘夷，擐绔曰脱藩，一言及尊攘，切齿扼捥，斥当轴为神奸，而笑悼老成宿儒之畏懦，悲歌舞剑，继以泣涕，展转相效，为一世风尚，惧有株连，复自称浮浪以免其藩主，其气之雄毅与心之苦如此。卒使幕府归政，四邻不犯，变更法度，举错而定。当其赴汤火、冒白刃，固不意此。如斯人者，将求之不得也，虽枯槁不舍也，烈士也夫！

今吾中国之变法，无刀锯之迫、汤镬之危，其易于日本也，不知其几千伯倍蓰。所求于士大夫者，惟劳其心力耳。彼力者，功所以成，疢疾所以去。昔陶文毅以转漕之弊，欲有变革，众议诪张，以全力抵拒之，而后立海运之基。曾文正欲裁绿营，当是时，乘其疲极，去之如摧枯拉朽也，持之不定，营制不变，贻害至今。夫以二公之勋德，犹视此为成败，何有于末吏处士？当今之世，任变法者，吾未见其有面目黧黑、窍气不通者也；争变法者，吾未见其有面折廷诤、千人皆靡者也。嗟乎！人所以事事，赖此锐气与股肱之勤耳。今气苶矣，上焉豪杰之不任，而举宗稷之重，付之脂韦突梯之徒；下焉有志之士，又稍稍娱乐于禅学以日销其骨鲠，殆夫！殆夫！守故之不给，其焉能变，斯颜习斋，李刚主之徒所为流涕而道者也。

如向所言，吾以规夫有志之士而遁匿于佛者。若夫骏特俶傥，有雄毅之气，果于独断，坚于力行，则其病又不在是，曩者言猝暴是已。彼见西法之效，以为驰骋上下，无曲折可以径行也；又取夫后王之政而暴施之于百年以前也。夫是故见弹而求鸮炙，见卵而求时夜，遽不可待，其卒也鸮鸣鸡不可得，并与其弹与卵而失之，而遂以求之为非计，则盍慎其所发矣。昔者中国乾、嘉之际，欧洲列国，严刑厚敛，民不聊生，拿破仑出而更之，播及邻国，皆厥角稽首，若弟子之受命于先师，非甚难也。然而英之更制也，公举议员，则世族阻之；免他国商税，则富贾阻之，船户阻之；放行进口粮食，则业田者阻之；宽待佣作，则厂主阻之；禁买黑奴，则豪右阻之。哗讼三十年，然后大定。

中国自通商以来，更岁五十而羸矣，召彼故老而询之开矿筑路，犹愀然以为伤地脉；其他曲制时举，有造于廿二行省，独不利于数千百人者，不可偻指数也。是其难行也，又非直伤地脉之比也。故措置一失，而怨讟从之，若学堂是矣。夫讲业之地，一废而一起，均之以教学士，使廪假于县官，士何独怨，则失之者先入，而得之者后入尔。怨讟之既作，其荐绅鸣玉而为朝官者，复听其窾言以阻之，则吾事不成。吾意虑事之始，宁更调数万缗，以为兴造之本，无捊其故有者而成其故无者，则人不吾阻，其规摹亦可以闳廓，更一二年，向之怨讟者，闻其风气而知其臭味，且艳之慕之，惟恐吾之不兼并之矣，则下令如流水，而规摹益闳廓深远尔。是故名实未亏，而喜怒为用，权术然也。彼变法而无权，不知决塞，不晓计数，则不足以定大功。叔敖高门闾而民皆改其庳车，吾将奉之以为变法之师。若夫后王之政，未遭百六阳九，而于今日望之，一则晞民主，一则张议院，此无异于行未三十里而责其百里也。

今夫民主，至公也，《尚书》始《尧典》，序以禅让；《春秋》崇五始，而隐元不书即位，圣人之情见乎辞矣。然而据乱行之，则以适治；据治行之，则以适乱。剥桡之既极，君子险哀，鸟兽虫蛾无得遂其生，于是有民主焉，以苏民困，以卫华夏，吾跷足须之矣。当今日而议之，其议果行，则域内抢攘，流血漂卤。幸为拿破仑，夫固糜烂其国土，荼毒其吏民，百年然后复也。不幸而为东学党，则束缚狝杀我者，且非吾之同类。驰说者耀华盛顿而忘法与朝鲜之祸，将并忘夫华盛顿之在美洲欤？于不毛之土，剪除榛薄，始奠天地，其功若女娲、燧人，杀黑龙而积芦灰也。当是时，民非斯人，固无所戴矣。斯人者出令而创民主，民固无所竞矣。然三十年以来，林肯遭弑，嘉飞遭弑，贼杀之狱两见，其置君若奕旗，其屠君若割牺；幸独处一洲，民无溃志，邻国无窥伺，不至于废易坠亡。今行之于中国，行之于无妄之未见，则内以便蚩尤刑天，而外以便殊族，民之无辜，并其臣仆矣，欲大同得乎？

其次议院，《周礼》掌之司寇，而齐有稷下。逮及末世，犊惊之言多，欲恶始终远近博浅莫不为蔽。有杂家者流出，兼陈万物而县之衡，则九流莫不为用。《艺文志》：“杂家者流，盖出于议官。”县衡者不定，法之左党、右党，美之合众、共和，更相克伐，五德代胜矣。往者南北美利加之战，徒以禁买黑奴，启衅于违言也。今泰西会党，票忽劲疾，横行无所忌，惟德人稍愿悫，然威良第四尝下诏予民权，军垒反筑于王宫之外，俾斯麦知其难驯也，稍稍抑议员，使无噂沓。俄罗斯之悍，噤民不言，故入则心非，出则巷议，人善其所私学，以非上之所建立，其议不如其默也。我朝康熙、雍正间，数有廷议，推行其法，使翰林科道皆得坐论，斯可矣。若骤付其议于处士，不搏击不餍。昔许慈、胡潜之争，蜀先主戏之以刀杖相屈，而李天生乃拔剑以斫西河。彼其所议，仪注与音韵耳，犹寻其仇忿如是，况于国政？且其为言也，守故而迂，求新而妄诞，其持之未有故，其言之未能成理，使听者眩于名实，愦眊不渫，则发政益濡缓无期会，而祸本以成，吾未知其愈于今日也。

然则学堂未建，不可以设议院；议院未设，不可以立民主。事势之决塞，必有先后，皆出于几。自有地球三十九期以来，石刀铜刀铁刀之变，非由政令发征，而民靡然从之，其几迫也。圣人者，因其几而导之入，故举无不起，废无不坠。今也，骏特俶党之士，丁时未至，盱衡厉色，悍然而为之，志固不遂，且危其身矣。病华妙者，吾惧其不以身殉也；病猝暴者，吾又惧其妄以身殉也。何者？人固有一死，死或重或轻，视其所趣。故摩顶放踵以拯生民之陆沉，前者踣，后者继，百挫而无反顾，终以集事，斯其死重于泰山者，日本之议尊攘是也。四百兆人所未达，天时所未蔵，怀抱孤愤，出身以任之，万死无所悔，或方命圮族而大为民物害，其身既死，其名亦因以败裂，使世人反以其事为惩创，后虽有哲人，不敢继踵，是其为之也，乃适如以狸致鼠，以茹鱼去蝇也。愈举愈坠，愈废愈起，死无益于事，而适以损之，则鸿毛之轻已。嗟乎！祸福之说，成败之效，豪杰所不言，既环天下而号之曰国士，则必为天下惜死。谢安以“讦谟定命，远犹辰告”重雅人，无他，审于变法之先后也。

民不知变，而欲其速化，必合中西之言以喻之。喻人之术，横说之，则以《诗》《书》《礼》《乐》；纵说之，则以《金版》《六弢》；其一曰宙极之史，其一曰六合之成事。人莫信其觑髳阔略之声而信其目睹，是故陈古而阂，不如道今；有独喜其觑髳阔略之声者，与道今而不信，则又与之委蛇以道古。故合中西之言以喻民，斯犹慈石之引铁，与树之相近而靡也。往者梅定九、戴东原、阮文达之徒，常以算学通中外，故二百年以来，虽极党同妒真之士，无以西算为诟厉者。自《瀛海论》作，而又知声光电化之学，其原亦具于周、秦诸书也，其过者以为欧人之艺。皆祖祢亚洲，比于伯宗旨攘善，斯稍稍夸谳矣。人之智慧，无东西朔南一也，鼓宫宫动，鼓角角应，闭门而造车，出则轨合，以为相应相合则可矣，以为人之长技皆出于我，则适以助学者之虚憍自满也。虽然，赖是以羑之，使人善人，譬中西之学为异质，而是为其粘摄力。今夫以苍璧小玑与人而人不喜，其邻父老曰，是若祖父某年陈于某室者也，则虽知其言之觑髳阔略，而固以得之为喜，何者？喜复故物也。今著书之邻父老也存，虽忿怼于新法者，亦讴歌而乐之，竭蹶而趋之矣。精其术，平其词，是化民之至神者也。嗟夫！骏特俶党之士，果于独断、坚于力行者，有悟于此，可以得变法之权矣。

章炳麟又曰：吾读《管子》至《侈靡》，尝默识其词，至“中国之草木，将有移于不通之野者，妇人为政，而铁之重反旅金”，则愯然而流汗曰，是何古之睿圣哲人，不视图谶而能知百世以后也？自今而往，苟有中寿者，当见其变之究矣。虽然，既乱易治也，既治易守也。若夫疆蒌未亏，人民未变，鬼神未亡，水土未细，糟者犹糟，实者犹实，玉者犹玉，血者犹血，酒者犹酒，而文武恬熙，举事无实，枭狐窃柄，天与之昏，是为大乱之将作，而不得比于大乱之既成。于斯时也，是天地闭、贤人隐之世也。虽然，目睹其肢体骨肉之裂而不忍，去之而不可，则惟强力忍诟以图之。

余，浙之贱氓也，生又羸弱，无骥骜之气、鸿鹄之志，其然亦尝有所向矣。虽微踔逸，犹憯凄忉怛，悲世之不淑，耻不逮黄帝而哀不己若者。窃闵夫有志之士之玩愒于佛也；其力行者，又举事而棼其绪也。以为如是则终已不得变而之治。故与子道其二病，且以自箴，且以箴天下。揽其要略，惟哀足以成事，虽有智者果者，不哀则败。三十年以往，有何桂清；十年以往，有张佩纶。言谈最贤，亦时有中要领者，而祸败若是，是可鉴矣。鉴于是二子，变者千端而或有什一之成；不鉴于是二子，冒没轻儳，其势无疑止，虽有中寿，犹不获睹天下之治也。虽然，吾固知其莫能鉴也。于斯时也，是天地闭、贤人隐之世也。吾不能为狂接舆之行吟，吾不能为戴安道之破琴，吾流污于后世，必矣。

《经世报》第1册，1897年8月2日

译书公会叙（1897）

九域之民不同，其食味、别声、被色，均也。声浪之清浊，由其水土；语言文字之乖牾，由其习俗。象鞮不通，气不得齐和，中外相视，于是乎若光音；天人通之以地籁，地籁既通，其赫蹄犹未能户知，中外相视，于是乎若桃梗。悲夫！古者东方介氏之国，犹能与牛马言。今其头颅肱胫，吾与之同出于一笵。闻其言，若伯劳鼓造；睹其文字，若虎所攫画之虢。若是者何也？亡所造作，则自东方大瀛以至四海，均律不变，骊驿之鸣，九万里一也；有所造作，则邻屋比畛之间，其发于嗌亢者殊，其表识亦殊。学士所诵，大匠不与知；大匠所诵，驵侩不与知。然则审人之音之难于审牛马之音也，知人之文之难于知牛马之蹄迒也，脑气撼之矣。令吾中国无《尔雅》《爰历》，则三古以上，吾且不能审诗商、协书名，况异域乎？

章炳麟曰：互市以来，所传译泰西书，仅逮四百种，兹无错愕也。是四百种者，既剞劂刻镂，不遍流布，拘学僿夫，至不能举其目，兹亦无错愕也。虽然，瞽者羡瞀者，瞀者羡明者，五大洲之册籍，吾不能博发而扬诩之，吾则瞀矣。且新理日出，岁无留故，一息炭养更，其事立变。若乔木之移阴，若蛇蚹蜩翼之移壤，而吾犹守旧译，以成世之暗曶，其焉能与之终古？吴越之间，有《大明》《采芑》之诗人焉，闻之曰：夫善稻与伊缓也，大卤与大原也。昔三王之季，犹能得其主名，于今世则何有？以吾圈属群徒，逑众力以任是也则可。夫古者百二十国之宝书，于今为蓝皮书，藏之金縢，比崇于方明，吾无得而译焉。其他舌人所述，有轶事，无完史，有葱岭以西，无大漠以北。故列国之要最，肘腋之隐患，一切不省，吾迮而补之，公法律令、学政官制、格物商务，箸于苫籥者，故有其书，或陈迹矣。或少半未卒译，吾校之以秘逸，正之以新理。横革之书，在巴黎者百五十万卷，其他称是，未度于内海，撢人外史，口耳所不及，吾求之雒通、译之渊泉而不涸竭。虽然，创夫竹帛之成，而不得流布于震旦，以餍蟫鱼之腹，如曩者四百种之效也，乃取夫东西朔方之报章，译以华文，冠之简端，使学者由唐陈而识宧奥。盖自辅车使者之职以溯秘书，其陈义略备矣。

嗟乎！五十年以往，士大夫不治国闻，而沾沾于声病分隶，戎士视简阅仅若木熙，无一卷之书以教战者，怀安饰誉，其祸遂立见于今日。故定武之书，郊居之赋，天地以弱文化之国；绿耳之骑，大黄之矢，天地以弱用武之国。一旦变易，官无其法，法无其人，人无其书，终于首施两端，前却失据，悲夫！以草莱数人，仅若稊米，而欲细五洲书藏之秘，以左政法，以开民智，斯又夸父、精卫之续也。独尝借观于邻国，日本得王仁以《论语》《千字文》

传，其后经术艺文，遂什伯百济。泰西政艺，各往往取诸希腊、罗马，而文明远过其本。然则是译书会者，安知不如微虫之为珊瑚，与蠃蛤之积而为巨石也。呜呼！斯又夸父、精卫之志也。

《译书公会报》第2册，1897年11月

儒术真论（1899）

昔韩非《显学》，胪列八儒，而传者独有孟、荀，其他种别，未易寻也。西京贾傅，为荀子再传，而董、刘诸公，已不能以一家名。且弘、汤之法盛行，而儒杂刀笔；参以灾祥鬼神，而儒杂墨术。自东京以来，盖相率如是。《荀子·儒效》云："其言议谈说，已无以异于墨子矣。"然而明不能分别，是俗儒者也。然则七国之季，已有杂糅无师法者，后此何足论。今以《墨子·公孟篇》公孟子、程子与墨子相问难者，记其大略。此足以得儒术之真。其于八儒虽无可专属，要之微言故训，有上通于内圣外王之道，与夫混淆失真者，固大有殊矣。由斯推衍，其说可以卢牟六合，经纬冯生。盖圣道之大，无能出其范者。抑括囊无辩，谓之腐儒。今既摭拾诸子，旁采远西，用相研究，以明微旨，其诸君子亦有乐乎此欤？

惠定宇谓公孟子即公明子，为孔子之徒。近人孙诒让仲容则云："《潜夫论》志《氏姓篇》：卫公族有公孟氏，《左传·定十二年》疏谓公孟絷之后，以字为氏，则自有公孟氏，非公明氏也。《说苑·修文篇》有公孟子高见颛孙子莫及曾子，此公孟子疑即子高，盖七十子之弟子也。”以上孙说。余谓子莫告公孟子高之言曰：“去尔外厉，与尔内色胜，而心自取之，去三者而可矣。”今公孟子谓墨子曰：“君子共己以待，问焉则言，不问焉则止。”又曰：“实为善人孰不知？今子遍从人而说之，何其劳也。”即本子莫去外厉之意，则公孟子即公孟子高明甚。然即此愈知公孟即公明。《孟子·万章篇》有长息问公明高，即为公孟子高。且孟子言舜之怨慕，而举公明高之言以为证。又言：“人少则慕父母，五十而慕者，独有大舜。”今公孟子则曰：“三年之丧，学吾之慕父母。”墨子驳之则曰：“夫婴儿子之知，独慕父母而已，父母不可得也。然号而不止，此其故何也？即愚之至也。然则儒者之知，岂有以贤于婴儿子哉！”是公孟子之言，与孟子所述慕父母义，若合镮印。卿知公孟子、公孟子高、公明高为一人明甚。公孟、公明虽异族，然同声相借，亦有施之姓氏者。今夫司徒、申屠、胜屠，本一语也。而因其字异，遂为三族。荀与孙、虢与郭，本异族也，而因其声同，遂相假借。今公孟、公明，亦犹荀孙、虢郭，虽种胄有殊，而文字相贸，亦无不可。然既严事曾子，其不得为孔子之徒明矣。惠说亦未合也。今观其立说，亦醇疵互见，而宣尼微旨，于此可睹。捃摭秘逸，灼然如晦之见明者，凡数大端。呜呼！可不谓卓欤？

公孟子谓子墨子曰：“昔者圣王之列也，上圣立为天子，其次立为卿大夫。今孔子博于《诗》《书》，察于礼乐，详于万物。若使孔子当圣王，则岂不以孔子为天子哉！”

按：玄圣素王，本见《庄子》。今观此义，则知始元终麟，实以自王，而河图不出，文王既丧，其言皆以共主自任，非图谶妄言也。门人为臣，孔子以为行诈，诸侯卿尹之尊，非所以处上圣，进退失据，故斥言其欺。不然，子弓南面，任为天子，见《说苑·修文篇》。尚无所讳，而辞此区区乎？知此者独有梅子真尔？

公孟子曰：“无鬼神。”又曰：“君子必学祭祀。”子墨子曰：“执无鬼而学祭礼，是犹无客而学客礼也，是犹无鱼而为鱼罟也。”子墨子谓程子曰：“儒以天为不明，旧脱天字，毕本据下文增。以鬼为不神。天鬼不说，此足以丧天下。”

按：仲尼所以凌驾千圣，迈尧、舜轹公旦者，独在以天为不明及无鬼神二事。《荀子》曰：“道者，非天之道，非地之道，人之所以道也，君子之所道也。”《儒效篇》。此儒者穷高极远测深厚之义。若夫天体，余尝谓苍苍之天，非有形质，亦非有大圜之气。盖日与恒星，皆有地球，其阿屯以太，上薄无际，其间空气复厚，而人视之苍然，皆众日之余气，固非有天也。王育说，天诎西北为无，其说稍诞。盖天本无物，故无字从天诎之以指事，因下民所见，不得无所指斥，故强以颠义引申之而曰天。六经言天言帝，有周公以前之书，而仲尼删述，未或革更，若曰道曰自然而已矣。郊祭大报天而主日，万物之主，皆赖日之光热，而非有赖乎天。故假言曰帝，其真即日。或以北极为耀魄宝，北极又大于日九十三倍，故亦尊之，此则恒星万数，上帝亦可云万数。六帝之说，不遍不赅，要非虚增，然恒星各帝其地球而已，于此地球何与？明堂宗祀，盖自外至者也。且太微五星，固玄远矣，即至暱之日，虽昭昭大明，而非有恩威生杀之志，因上帝而有福善祸淫之说，其害犹细，其识已愚，因是以及鬼神，则诬妄日出，而人伦殆废。

盖太古民俗，无不尊严鬼神，五洲一也。感生帝之说，中国之羲、农，日本之诺、册二神，印度之日朝、月朝，犹太之耶稣，无不相类。以此致无人伦者，中外亦复不异。惟其感生，故有炎、黄异德兄弟婚媾之说，盖曰各出一帝，虽为夫妇，不为黩也。尧之厘降，不避近属，实瞢于是。其后以为成俗，则夏、商以来，六世而通婚姻，皆感生之说撼之矣。周道始隆，百世远别，此公旦所以什伯于尧、舜、汤、武，然依违两可，攻其支流，而未堙其源窟。《生民》之诗，犹曰履敏，则犷俗虽革，而精意未宣，小家珍说，反得以攻其阙。惟仲尼明于庶物，察于人伦，知天为不明，知鬼神为无，遂以此为拔本塞原之义，而万物之情状大著。由是感生帝之说诎，而禽兽行绝矣。此所以冠生民、横大陆也。

何以知无鬼神？曰：斫卉木，礫羊彘，未闻其有鬼神，彼人固不得独有也。人所以有知者，分于父母，精虫胚珠是也。二者又摄引各点以为我有，使成官骸，而七情益扩，故成此知识，由于两精相抟，以生神明也。斯如两水相触，即便生浪，水犹精，浪犹神，而两水之所以相触者，亦先有其浪，则父母交感之神也。两味相和，乃生隽永，及精气相离而死，则神亦无存。譬之水既淤堙，浪即无有，两味化分，寻索隽永，了不可得。故精离则死，死则无知，其流定各质，久则合于他物，或入草木，或入胎卵，未有不化者。化之可见者，茅蒐是已。苌弘之血为碧，郑缓之精为秋柏之实，然己与他物合，则其质既杂，自有柏与碧之知，而非弘、缓之知矣。此精气为物也。气弗聚者，散而从于空气，涣然飘泊，此游魂为变也。夫焉有精化既离，而神识能独立者乎？《圆觉经》云："我今此身，四大和合，所谓发毛爪齿，皮肉筋骨，髓脑垢色，皆归于地。唾涕脓血，津液涎沫，淡泪精气，大小便利，皆归于水。暖气归火，动转归风。四大各离，今者妄身，当在何处？"《宝积经》云："此身生时，与其父母，四大种性，一类歌罗逻身。若惟地大，无水界者，譬如有人，握干麨灰，终不和合。若惟水界，无地界者，譬如油水，无有坚实，即便流散。若惟地水，无火界者，譬如夏月，阴处肉团，无日光照，即便烂坏。若惟地水火，无风界者，即不增长。"《庵提遮女了义经》云："若能明知地水火风四缘，毕竟未曾自得，有所和合，以为生义。若知地水火风毕竟不自得，有所散，是为死义。"是佛家亦以各质相磨而生，各质相离而死，而必言即合即离，生死一致，则黄马骊牛之遁辞矣。然死后六道，不尽为鬼，则亦与精气为物之义相近。其终不决言无鬼者，盖既言真者离身而有如来藏，则不得不言妄者离身而为鬼。然又言饿鬼有胎生化生，则所谓鬼者，亦物魅之类，而与人死者有殊。然则释家盖能识此旨，而故为不了以自圆其说也。

难曰："若以知识为分于父母，则父母安始？追溯无尽，非如来藏而何？"然如来藏者，彼岂能道其有始耶？于如来藏亦言无始，而必责万物以有始，亦惑矣。难曰："知识果分于父母，则瞽舜、鲧禹，曷为相反？"曰：夫岂独神识然，形亦然矣。张苍之父，长不满五尺，苍长八尺余，苍子复长八尺，及孙类长六尺余。《汉书·张苍传》。可得云形体非分于父母耶？要之，形之短长，知之顽圣，此高下之分，非相反也。以神识言，又岂独父子然。虽一身亦有善恶是非先后相贸者。颜涿聚，梁父之大盗也，学于孔子；段干木，晋国之大驵也，学于子夏；高何县子石，齐国之暴者也，指于乡曲，学于子墨子；索卢参，东方之巨狡也，学于禽滑黎。并为名士显人，《吕氏春秋·尊师篇》。如是者多矣。或有诹政虑事，一念之间，而筹画顿异，至于疚心自讼者。子夏投杖，汉高销印，斯类亦众，夫岂得谓有两身与两心耶？父母与子，何以异是？原夫二气相凝，非亲莫效，及脂膏既就，即有染习，贾生《胎教》，明著其义。是时材性高下，又由其亲一时之行迹而成，斯则得于其亲者，与初凝又少殊矣。及夫免乳以后，则见闻之习，师友之导，情状万端，尟非殊族，其异于亲也固宜。荀子有言："涂之人可以为禹。"《性恶篇》。此则君师牧民，由斯以作。然具此可以为禹之材，非父母授之乎？大抵形体智识，一成不移，而形之肥瘠，识之优劣，则外感相因，可入熔冶，不移者由于胚珠，可移者由于所染。夫鲁鸡之伏鹄卵，其雏犹鹄；而桑枝之续桃本，则其实非桑。非物之形性，一可变更，一不可变更也。卵中之胚，是鹄非鸡，故鹄不以鸡伏而易。土蜂煦妪桑虫之旧说，虫学家曾辨其误。树木之胚，是桃非桑，故桃能以桑体为己，此胚珠不移之说也。啮蹄在辔，驯良从御，驶騠无牧，泛驾不习，此因染致移之说也。乃若时代逾久，则物之形体，亦有因智识优劣而渐变者。要之，改良则分剂增多，退化则分剂减少，上古之颠木，迹层之枯龟，皆吾郊宗石室，惟其求明趋化，以有吾侪之今日。昊天罔极，如何可酬？抑亲亲之杀，既具斯形，则知爱类而已。

难曰：人见厉魃，经籍多有，近世民俗，亦有传言。宁得自守单辞，谓鬼神为诬惑？曰：以佛家言，六道之中，饿鬼居一，一在地下五百由旬，一在人天之间。是则畛域区处，与人隔绝，人未尝有至饿鬼处者，而饿鬼独能至人处乎？且以阿修罗之强悍，诸天之智力，不至人处，而饿鬼以羸劣之质，独能至人处乎？是岂得以所见证其必有也。然则见者云何？曰：耳目有愆，齐襄之见彭生是也；心惑若寐，狐突之遇共君是也。二者皆一时假相，非有真形，乃其真者，则亦有之。太史公曰："学者多言无鬼神，然言有物。"《留侯世家》。此最为豁然埽斯者。山精物魅，如龙夔魍魉者，固未尝无也，以其体不恒见，诡出都市，而人遂以鬼神目之，斯亦惑之甚矣。太古顽民，见镰惊鬼，有熊蚩尤，惑乱不异，见彼焄蒿，遂崇巫祝。清庙之守，后为墨家，敬天尊鬼，遂与儒术相訾。夫岂非先圣哲王之法，而以难儒术，则犹以金椎攻太山矣。无鬼而祭者，亦知其未尝食，而因是以致思慕。至胙肉必餍饫之者，亦以形体神识，分于二人，己在则亲之神识所分，犹在吾体，故食胙无异亲之食之也。然则祭为其名，而胙致其实，何无客学礼无鱼作罟之可比乎？若夫天神地祇，则因是而准则之，苟有圣王，且当厘汰焉。呜呼！如太史公言，则秦汉间儒者，犹知无鬼神义。然武、昭以后，儒者说经，已勿能守。独王仲任有《论死篇》，晋人无鬼神论，而儒者又群哗焉。然则荀子谓言议谈说，无以异于墨子者，汉后诸儒，顾不然欤？

公孟子谓子墨子曰："有义不义，无祥不祥。"公孟子曰："贫富寿夭，慌然在天，不可损益。"子墨子曰："儒以命为有贫富、寿夭、治乱、安危有极矣，不可损益也。"

按：墨子背周而从夏，《洪范》五行之说，以义不义，推祥不祥。禹陈九畴，而墨子畅之，皆天鬼之说所流行也。惟墨子于五行，信其德而不信其方位。阴阳家之言，则所必绝，故其答日者曰："帝以甲乙杀青龙于东方，以丙丁杀赤龙于南方，以庚辛杀白龙于西方，以壬癸杀黑龙于北方。若用子之言，则是禁天下之行者也。"《洪范》之言，则因五行以施五德，而顺之者吉，逆之者凶，故墨子独所尊信。

汉初伏生，可谓大儒，然《五行传》犹拘牵天道。西京尊尚此学，实墨者之余烬也。荀子曰："夫日月之有蚀，风雨之不时，怪星之党见，是无世而不常有之。上明而政平，则是虽并世起，无伤也；上暗而政险，则是虽无一至者，无益也。"《天论篇》。是则于五行感应之说，儒者已显斥之。而仲尼删《书》犹登《洪范》者，明夷六五，赵宾以为阴阳气亡箕子。箕子者，万物方荄兹也。盖《易》与箕子，若为两途。《彖传》于明夷，一曰文王以之，一曰箕子以之，独以二人并称。缘伏羲以河图为《周易》，而文王衍其词；禹以洛书为《洪范》，而箕子邕其义。文王之说，当行于域中；而箕子之说，可被于营州玄菟之境，与中国之教殊矣。录之者见施政要服，有与京周异术者也。若夫督宗之教，于五福六极，固非所信焉尔。

虽然，禹与箕子之陈《洪范》，亦草创之初得其牺义耳！其精者则固异于祸福感应之说，而知各质散点相吸相离之自然。此其说在《庄子·天运》。其言曰：“天其运乎？地其处乎？日月其争于所乎？孰主张是？孰维纲是？孰居无事推而行是？意者其有机缄而不得已耶？意者其运转而不能自止耶？云者为雨乎？雨者为云乎？孰隆施是？孰居无事淫乐而劝是？风起北方，一西一东，有上彷徨，孰嘘吸是？孰居无事而披拂是？敢问何故？巫咸招曰：来！吾语女，天有六极五常，帝王顺之则治，逆之则凶。九洛之事，治成德备，监照下土，天下载之，此谓上皇。”以上《庄子》。

九洛即《洛书》九畴；六极五常，即六极五福。而其事由于帝王之自取，非由上皇为主宰，亦无沴眚符瑞以为劝戒，其成败治乱，应其行政而致。若天运地处，竟无主张维纲也，此则非墨子所知矣。

命之为说，公孟祗言贫富寿夭，而墨子复增以治乱安危，盖诬儒者矣。治乱安危，惟人所措。至于贫富寿夭，则固有说。如伯夷之夭，原思之贫，此自志愿，又不可言命也。若夫单豹之遇虎，则夭有命矣；邓通之寄死，则贫有命矣。所谓命者，词穷语绝，不得已之借名，其所自出，则佛氏亦以为因果，是又以祸福感应与定命合而为一，其论巧矣。然师子尊者受挥刀断首之祸，而佛亦罹木枪马麦之患，虽至成道，尚不能免难，是则其所谓因果者，乃恩怨之报酬，而非善恶之赏罚矣。余谓报酬之义，异于《洪范》。盖非自主宰，而在私相予夺，此固理之必然者。悬土囊而击之，则土囊亦反触人，物莫不有跃力，况有知者乎？《吕览·诬徒》云：“草木鸡狗牛马，不可谯诟遇之。谯诟遇之，则亦谯诟报人。”然则命固有偶遇者，而亦有由于报酬者，然非如佛家所谓前生事也。自吾始祖以往，鱼鸟兽猿之祖，不知其更数百世，吾岂能知其恩怨所在哉？德几无小，灭宗无大，九世之仇，百年之德，至于今而始报之子孙，即报者亦不知其所以，盖先人之神识伏藏体中也。是故《易》说余庆、余殃，必以家言，明其报复在种胄也。凡言命者，斯亦一端。至夫禄命推验，则非可凭矣。全谢山《原命》引宋景濂谓：“一日之内，同时生者不少，而显晦吉凶寿夭悬绝，故赵普与军校，蔡京与粉儿，高叔嗣与陈友谅皆同命。童轩亦言高谷与李昂，单昂与王稽，皆同甲子而绝不相似。”余中之衍《皇极经世》之说，推其渊源于王天悦，谓某甲之年月，必得某甲之日时而后富寿，苟得某甲之日时而遂贫贱。水陆舟车之所产，东西南北之所居，莫不有合，此其所以有同物而不同运者。余谓同物相应，多在细微，而非禄命家所能推。以余所见，鸿胪卿朱克勤与大学士李鸿章，生同物，而朱夭李寿，显晦亦殊，然其女则先后适张佩纶、吴伟才与左宗棠。生同物，后左为大帅，屠寇数万，吴为屠者，刲豕数万。然则择婿，多杀则同矣，而升沉荣辱之事，长短久近之期，则截然各异。以此知支干甲子所应非诬，而毫毛冥合，无关大体，是岂禄命家所能知乎？故古之言知命者，谓知其不可如何，而非谓其禨祥算数也。要之，一人际遇，非能自主，合群图事，则成败视其所措。故一人有命，而国家无命。荀子曰：“人之命在天，国之命在礼。君人者隆礼尊贤而王，重法爱民而霸，好利多诈而危，权谋倾覆幽险而尽亡矣。”《天论篇》。此以见一人之命有定限，而一国之命无定限也。又曰：“从天而颂之，孰与制天命而用之。”是则以天为不足称颂，而国命可自己制，其何有天哉？曰天者自然而已，曰命者遭遇而已，从俗之言，则曰天命。夫岂以苍苍者布令于下哉？嗟乎！愚者之颂天，宋偃之射天，上官安之骂天，其敬慢不同，而其以天为有知，或则哀吁，或则怨望，其愚一也。汉世之儒，勿信祸福感应而独言命者，惟王仲任耳！然执泥小数，至谓项羽用兵，实过高祖，其兴亡亦由天命。若国之安危，亦不能不出于此者，是亦固矣。若夫大儒之说，天无威庆而人有报施，一人则成亏前定，而合群则得丧在我，斯所以异于荫骘下民之说也。

右三事，儒术所以深根宁极，无出其范者。神怪之教，婴之自溃，昧此而言儒，汉后所以无统纪也。《非儒》有抵诬孔子语，则所举儒说，亦必不可尽信。其驳昏丧诸礼，又皆小节，故勿论。

《清议报》第23至34册

1899年8月17日至1900年2月10日

客帝匡谬（1900）

自古以用异国之材为客卿，而今始有客帝。客帝者何也？曰：如满洲之主中夏是也。夫整军之将，司税之吏，一切假客卿于欧美，则以鸡林、靺鞨之宾旅，而为客帝于中国也何损？知是，而逐满之论，殆可以息矣。

抑夫客卿者，有用之者也。客帝者，孰为之主，而与之玺绂者乎？明堂、大微，不司其勋；岱山、梁父，不载其德。盗沃土于中夏，而食其赋税。既无主矣，而客于何有？曰：已矣！弗复道矣。《咸池》之均，弗可以入里耳矣。必若言之，吾则曰：中夏之共主，自汉以来，二千余年，而未尝易其姓也。

昔者《春秋》以元统天，而以春王为文王。文王孰谓？则王愆期以为仲尼是已。欧洲纪年以邪苏，卫藏纪年以释迦，而教皇与达赖剌麻者，皆尝为其共主。中夏之共主，非仲尼之世胄则谁乎？梅福之讼王章也，见新室盗汉之朕而塞之也；及王章不可讼，而上绍殷之议，其指归则以圣庶夺适为臬。是何忘汉之社稷，而为此阔疏之计邪？夫固曰：素王不绝，黑绿之德不弛，则中夏之域，亘千百世而有共主。若夫摄斧扆、掌图籍者，新乎？汉乎？则犹菌鹤马蜩之相过乎前而已矣。繇福之说，苟言大同，必有起于侧陋，握石椎而怀神珠者，吾民以为可恃，然后君之，斯固拥戴也，亦不得世及矣。若犹是世及也，冠冕未裂，水土未堙，则中夏之共主，其必在乎曲阜之小邑，而二千年之以帝王自号者，特犹周之桓、文，日本之霸府也。苟如是，则主其赏罚，而不得尸其名位。中夏有主，则为霸府于丰镐、秣陵、汴、雒、北平者，汉乎？满乎？亦犹菌鹤马蜩之相过乎前而已矣。苟摄之者不得其指，而自以镇抚九有，若天之有摄提大角，斯犹大夫之胪岱，其罪不赦。此汉唐之所以为天囚非命，而客帝之所以愈迫民以攘逐也。

难者曰：今之衍圣公，其爵则九命，其册封则必于京室。今倒植其分，霸其封之者，而帝其受之者，其左夫？

曰：已矣！弗复道矣。吾固曰《咸池》之均，弗可以入里耳矣。

《繁露》有言："天子不臣二代之后，而同时称王者三。"是则杞、宋之在周世，其名则公，其实则王也。《书·梓材》："以厥臣达王惟邦君。"《正义》曰："郑以王为二王之后。"夫以胜国之余蘖，不立其图法，不用其官守，然犹通三统而王之。况朝野皆奉其宪典，以纲纪品庶者欤？名曰衍圣公，其实泰皇也。

若夫锡命之典，自汉之封绍嘉以至于今，更十七姓，七十有余主，而不能以意废黜之。夫非一代之主所得废黜者，则亦非一代之主所得册封也。虽微册封，于孔氏之位何损？其册封，则骜主媚臣之自为僭滥，亦犹乾隆之世，英吉利尝一通聘，而遽书之以为入贡之藩云尔。且昔者成周之末，王赧已虏，而东周特畿内之侯也。其于七王，爵位固不相若，亦侍祠贡献惟谨，且听其黜陟焉。宋氏之于金、元，亦尝至乎称臣称侄矣，然而言神州之王统者，终不以彼而夺此。苟以是为比，则衍圣当帝，而人主之当比于桓、文、霸府也，岂顾问哉？

虽然，此犹千载之蛊事，藏于石室，史官儒生，得守空文以持其义，而世主未尝既其实也。土著之后，逆取顺守，尚已。方其盛时，持重万钧，环天下而为臣妾，虽临辟雍，固不欲捐其黄屋，以朝孔氏之尝酎，斯已泰矣。及夫陵夷积弱，处逃责之台，被窃钛之言，大枋既失，势侪于家人，宁奉表以臣敌国，而犹岿然自谓尊于玄圣之裔，岂不忸哉！

乃夫宾旅侵突而为君者，故迩梁远，以华夏为异类，蜂刃所抵，类祃厥宗，而无所愍痛。扬州之屠，嘉定之屠，江阴之屠，金华之屠，啖肉也如黑鹫，窃室也如群麀。其他掊发窖臧，掘冢坏陵，而取其金鼎玉杯、银尊珠襦之宝以为储臧者，不可以簿籍计也。及统一天下，六官犹耦，防营犹设，明末马、阮筑板矶城为西防。左良玉叹曰："今西何所防？殆防我耳！"今之驻防，则谁防乎？名不正，言不顺，二百年泄泄然而不改，异夫！托不加赋以为美名，而以胡骑之饵饷刓敝府库。迮有狱讼，则汉民必不可以得直。迮有剧寇，汉臣贤劳而夷其难。创夷既起，又置其同族于善地以乱其治。吾义士之谋攘逐者，亦宁有过职乎？

逐加于满人，而地割于白人，以是为神州大诟。夫故结肝下首而不欲逞，非其丧志，鉴于蜀、宋也。蜀相之结荆扬也，非忘报也，彼惎曹氏，则吴不得怨；故覆于南郡，烬于白帝，再挫之忿，而不敢复焉。宋与女真，宗祢之痛也，引蒙古以灭之，终自戕败，庙算失也。故地处其逼，势处其陧，九世之仇，而不敢复焉。何者？犖牛之斗，玄熊呴怒以格其间，则二牛皆脔也。

且夫今世则又有圣明之客帝，椎匈啮臂，以悔二百五十年之过矣。彼疏其顽童，昵其地主，以百姓之不得职为己大耻，将登荐贤辅，变革故法，使卒越劲，使民果毅，使吏精廉强力，以御白人之侮。大东辛颛之胄，且将倚之以为安隐，若是又可逐乎？虽然，弗逐，则高义殆乎格，配天之志殆乎息矣。决胜负于一朝，两族皆偾，而不顾其后者，日莫涂远之所计，虽非少康，犹之伍员也。中夏虽坏败，宁无其人邪？其攘逐满洲也，在今日；其不攘逐满洲也，亦在今日。客帝诚圣明，则必取谟于陆贽，引咎降名，以方伯自处。《唐书·陆贽传》：德宗议更益大号，贽奏言若以时屯，当有变革，不若引咎降名，以祗天戒。禘郊之祭，鸡次之典，天智之玉，东序之宝，一切上之于孔氏；彤弓黄钺，纳陛矩鬯，一切受之于孔氏。退而改革朝官，皆如宗人府丞。朝官皆满汉二员，独宗人府丞，则只一汉员。圈地之满、蒙，驻防之八旗，无置马甲，而除其名粮，一切受治于郡县。自将军以至佐领，皆退为散秩。大政既定，奏一尺书，以告成于孔氏。吾读《伊尹书》，有九主，有素王。吾读《中候》，至于霸免，郑注：“霸犹把也，把天子之事。”有受空之帝。郑注：谓楚义帝。今以素王空帝，尸其名位，而霸者主其赏罚，则吾中夏所君事者，固圣胄已。其建霸府于域中，则师不陵正，而旅不逼师，臣民之视客帝，非其后辟，其长官也。霍光也，金日磾也，李晟也，浑瑊也，其种系不同，而其役使于王室也若一，则部曲之翼戴之也。汉乎？满乎？亦犹菌鹤马蜩之相过乎前而已矣。君臣不属，则报志可以息，虽弗攘逐，无负于高义。然则二族皆宁，而梅福之大义，且自今始既其实焉。以是流衍于百王，而为宪度，其有成劳于中夏也，亦大矣！

难者曰：今中国羸病，炊之则僵，犁五稔必仆。虽尊崇孔氏，以息内讧，其何瘳乎？曰：尚观明堂合宫之法，官天下则帝孔氏，百世丕天之大律，非独为滑夏之代而已。且夫发愤为天下雄，则百稔而不仆；怠惰苟安，则不及五稔而亦仆。吾所议者，为发愤之客帝言也，非为怠惰苟安者言也。夫苟怠惰苟安，虽采椽茅茨，若自处于臣虏，可以亡国；发愤而为雄，而后以降名尊主为可恃也。不然，则一饭之顷，已涣然离逷矣，安能五稔？

共和二千七百四十一年，章炳麟曰：余自戊、己违难，与尊清者游，而作《客帝》。饰苟且之心，弃本崇教，其违于形势远矣！且汉帝虽孱弱，赖其同胤，臣民犹或死之。满洲贱族，民轻之，根于骨髓，其外视亡异欧美。故联军之陷宛平，民称“顺民”，朝士以分主五城，食其廪禄，伏节而死义者，亡一于汉种。非人人阘茸傭态，同异无所择，孰甘其死？繇是言之，满洲弗逐，欲士之爱国，民之敌忾，不可得也。浸微浸削，亦终为欧美之陪隶已矣。今弗能昌言自主，而以责宣尼之主祏，面欺！著之以自劾录，而删是篇。

《訄书》重刻本之“前录”

谢本师（1901）

余十六七岁始治经术，稍长，事德清俞先生，言稽古之学，未尝问文辞诗赋。先生为人岂弟，不好声色，而余喜独行赴渊之士。出入八年，相得也。顷之，以事游台湾。台湾则既隶日本，归，复谒先生，先生遽曰："闻而游台湾，尔好隐，不事科举，好隐则为梁鸿、韩康可也。今入异域，背父母陵墓，不孝；讼言索虏之祸毒敷诸夏，与人书指斥乘舆，不忠。不孝不忠，非人类也，小子鸣鼓而攻之可也。"盖先生与人交，辞气陵厉，未有如此甚者。先生既治经，又素博览，戎狄豺狼之说，岂其未喻，而以唇舌卫扞之？将以尝仕索虏，食其廪禄耶？昔戴君与全绍衣并污伪命，先生亦授职为伪编修。非有土子民之吏，不为谋主，与全、戴同。何恩于虏，而悫悫蔽遮其恶？如先生之棣通故训，不改全、戴所操以诲承学，虽杨雄、孔颖达，何以加焉？

《民报》第9号，1906年11月

附：俞先生传（1907）

俞先生，讳樾，字荫甫，浙江德清人也。道光三十年成进士，改庶吉士。既授编修，提督河南学政，革职。既免官，年三十八始读高邮王氏书。自是说经依王氏律令。五岁，成《群经平议》，以剀《述闻》。又规《杂志》作《诸子平议》。最后作《古书疑义举例》。治群经，不如《述闻》，谛诸子，乃与《杂志》抗衡。及为《古书疑义举例》，巡察䚡理，疏紾比昔，牙角才见，紬为科条，五寸之矩，极巧以珏，尽天下之方。视《经传释词》，益恢郭矣。

先是浙江治朴学者，本之金鹗、沈涛，其他多凌杂汉宋。邵懿辰起，益夸严。先生教于诂经精舍，学者乡方，始屯固不陵节。同县戴望以丈人事。先生尝受学长洲陈奂，后依宋翔凤，引《公羊》考致之《论语》。先生亦次何邵公《论语义》一卷。始先生废，初见翔凤，翔凤言《说文》"始一终亥"，即《归藏经》。先生不省。然治《春秋》，颇右公羊氏，盖得之翔凤云。为学无常师，左右采获，深疾守家法违实录者。说经好改字，末年自敕为《经说》十六卷，多与前异。章炳麟读《左氏·昭十七年传》："其居火也久矣，其与不然乎？"证以《论衡·变动篇》云："綝然之气见，宋卫陈郑灾。"说曰："不然者，林然之误，借林为綝。"先生曰："虽竘善，不可以训。"其审谛如此。治小学不摭商周彝器，曰："欧阳修作《集古录》，金石始萌芽，摧略可采，其后多巫史诳豫为之。韩非所谓番吾之迹，华山之棊，可以辨形体、识通假者，至秦汉碑铭则止。”

雅性不好声色，既丧母妻，终身不肴食，衣不过大布，进机不过茗菜。遇人岂弟，卧起有节，气深深大董，形无苛妎，老而神志不衰，然不能忘名位。既博览典籍，下至稗官歌谣，以笔札泛爱人。其文辞瑕适并见，杂流亦时时至门下，此其所短也。

所著书，自《群经平议》《经说》而下，有《易说》《易穷通变化论》《周易互体征》《卦气直日考》《卦气续考》《书说》《生霸死霸考》《九族考》《诗说》《荀子诗说》《诗名物证古》《读韩诗外传》《士昏礼对席图》《礼记郑读考》《礼记异文笺》《郑康成驳正三礼考》《玉佩考》《左传古本分年考》《春秋岁星考》《七十二候考》《论语郑义考》《何邵公论语义》《续论语骈枝》《儿笘录》《读汉碑》。自《诸子平议》而下，有《读书余录》《读山海经》《读吴越春秋》《读越绝书》《孟子高氏学》《读文子》《读公孙龙子》《读鹖冠子》《读盐铁论》《读潜夫论》《读论衡》《读中论》《读抱朴子》《读文中子》《读楚辞》，如别录，其他笔语甚众，然非其至也。年八十六，清光绪三十三年卒。

赞曰：浙江朴学，晚至则四明、金华之术茀，之昌自先生。宾附者，有黄以周、孙诒让，是时先汉师说，已陵夷矣。浙犹彀张、不弛愈缮。不逮一世，新学蠕生，灭我圣文，粲而不蝉，非一隅之忧也。

《太炎文录初编》文录卷二

订孔（1902）

远藤隆吉曰："孔子之出于支那，实支那之祸本也。夫差第《韶》《武》，制为邦者四代，非守旧也。处于人表，至岩高，后生自以瞻望弗及，神葆其言，革一义，若有刑戮，则守旧自此始。故更八十世而无进取者，咎亡于孔氏。祸本成，其胙尽矣。"远藤氏《支那哲学史》。

章炳麟曰：凡说人事，固不当以禄胙应塞。惟孔氏闻望之过情有故。曰：六艺者，道、墨所周闻。故墨子称《诗》《书》《春秋》，多太史中秘书。女商事魏君也，衡说之以《诗》《书》《礼》《乐》，从说之以《金版》《六弢》。《金版》《六弢》，道家大公书也，故知女商为道家。异时老、墨诸公，不降志于删定六艺，而孔氏擅其威。遭焚散复出，则关轴自持于孔氏，诸子欲走，职矣。

《论语》者晻昧，《三朝记》与诸告饬、通论，多自触击也。下比孟轲，博习故事则贤，而知德少歉矣。

荀卿以积伪俟化治身，以隆礼合群治天下。不过三代，以绝殊瑰；不贰后王，以綦文理。百物以礼穿敹，故科条皆务进取而无自戾。《荀子·王制》上言："道不过三代，法不贰后王。"下言："声，则凡非雅声者举废；色，则凡非旧文者举息；械用，则凡非旧器者举毁；夫是之谓复古。"二义亦非自反。雅声、旧文、旧器，三代所用，人间习识。若有用五帝之音乐、服器于今，以为新异者，则必毁废。故倞注曰："复三代故事，则是复古不必远举也。"其正名也，世方诸认识论之名学，而以为在琐格拉底、亚历斯大德间。桑木严翼说。由斯道也，虽百里而民献比肩可也。其视孔氏，长幼断可识矣。

夫孟、荀道术皆踊绝孔氏，惟才美弗能与等比，故终身无鲁相之政，三千之化。才与道术，本各异出，而流俗多视是崇堕之。近世王守仁之名其学，亦席功伐已。曾国藩至微末，以横行为戎首，故士大夫信任其言，贵于符节章玺。况于孔氏尚有踊者！孟轲则蹶矣，虽荀卿却走，亦职也。荀卿学过孔子，尚称颂以为本师。此则如释迦初教本近灰灭，及马鸣、龙树特弘大乘之风，而犹以释迦为本师也。

夫自东周之季，以至禹，《连山》息，《汩作》废，《九共》绝，墨子支之，祇以自陨。老聃丧其征藏，而法守亡，五曹无施。惟荀卿奄于先师，不用。名辩坏，故言殽；进取失，故业堕；则其虚誉夺实以至是也。

虽然，孔氏，古良史也。辅以丘明而次《春秋》，料比百家，若旋机玉斗矣。谈、迁嗣之，后有《七略》。孔子死，名实足以伉者，汉之刘歆。

白河次郎曰："纵横家持君主政体，所谓压制主义也。老庄派持民主政体，所谓自由主义也。孔氏旁皇二者间，以合意干系为名，以权力干系为实，此儒术所以能为奸雄利器。使百姓日用而不知，则又不如纵横家明言压制也。"案：所谓旁皇二者间者，本老氏之术，儒者效之，犹不若范蠡、张良为甚。庄周则于《马蹄》《胠箧》诸论，特发老氏之覆。老、庄之为一家，亦犹输、墨皆为艺士，其攻守则正相反，二子亦不可并论也。故今不以利器之说归曲孔氏。余见《儒道》篇。

《訄书》重刻本第2篇

第二编

《革命军》序（1903）

蜀邹容为《革命军》方二万言，示余曰："欲以立懦夫，定民志，故辞多恣肆，无所回避。然得无恶其不文耶！"余曰："凡事之败，在有其唱者而莫与为和，其攻击者且千百辈，故仇敌之空言，足以堕吾实事。"

夫中国吞噬于逆胡，二百六十年矣。宰割之酷，诈暴之工，人人所身受，当无不昌言革命。然自乾隆以往，尚有吕留良、曾静、齐周华等，持正义以振聋俗，自尔遂寂泊无所闻。吾观洪氏之举义师，起而与为敌者，曾、李则柔煦小人。左宗棠喜功名，乐战事，徒欲为人策使，顾勿问其韪非枉直，斯固无足论者。乃如罗、彭、邵、刘之伦，皆笃行有道士也。其所操持，不洛闽而金溪、余姚；衡阳之《黄书》，日在几阁。孝弟之行，华戎之辨，仇国之痛，作乱犯上之戒，宜一切习闻之。卒其行事，乃相纱戾如彼。材者张其角牙以覆宗国，其次即以身家殉满州，乐文采者，则相与鼓吹之。无他，悖德逆伦，并为一谈，牢不可破。故虽有衡阳之书，而视之若无见也。然则洪氏之败，不尽由计画失所，正以空言足与为难耳。

今者风俗臭味少变更矣。然其痛心疾首，恳恳必以逐满为职志者，虑不数人。数人者，文墨议论，又往往务为温籍，不欲以跳踉搏跃言之。虽余亦不免也。

嗟夫！世皆嚚昧而不知话言。主文讽切，勿为动容。不震以雷霆之声，其能化者几何！异时义师再举，其必堕于众口之不俚，既可知矣。今容为是书，壹以叫咷恣言，发其惭恚。虽嚚昧若罗、彭诸子，诵之犹当流汗祗悔。以是为义师先声，庶几民无异志，而材士亦知所返乎！若夫屠沽负贩之徒，利其径直易知，而能恢发智识，则其所化远矣。籍非不文，何以致是也？抑吾闻之，同族相代，谓之革命；异族攘窃，谓之灭亡；改制同族，谓之革命；驱除异族，谓之光复。今中国既灭亡于逆胡，所当谋者光复也，非革命云尔。容之署斯名何哉？谅以其所规画，不仅驱除异族而已。虽政教、学术、礼俗、材性，犹有当革命者焉，故大言之曰“革命”也。

共和二千七百四十四年四月

《苏报》，1903年6月10日

附：邹容传（1907）

邹容，字蔚丹，四川巴人。父某，行商陇蜀间，略知书。容少慧敏，年十二，诵“九经”、《史记》《汉书》皆上口。父以科甲期之，容弗欲，时喜雕刻，父怒，辄榜笞至流血，然愈重爱。容稍长，从成都吕翼文学。与人言，指天画地，非尧舜，薄周孔，无所避。翼文惧，摈之。父令就日本学，时年十七矣。与同学钮永建规设中国协会，未就。学二岁，陆军学生监督姚甲有奸私事，容偕五人排闼入其邸中，榜颊数十，持剪刀断其辫发。事觉，潜归上海，与章炳麟见于爱国学社。是时，社生多习英吉利语，容调之曰："诸君堪为贾人耳。"社生皆怒，欲殴之。广州大驵冯镜如，故入英吉利籍，方设国民议政厅于上海，招容，容诘镜如曰："若英吉利人，此国民者，中国民耶？英吉利国民耶？"镜如惭，事中寝。

容既明习国史，学于翼文，复通晓《说文》部居。疾异族如仇雠，乃草《革命军》以摈满洲。自念语过浅露，就炳麟求修饰。炳麟曰："感恒民当如是。"序而刻之。会虏遣江苏候补道俞明震检察革命党事，将逮爱国学社教习吴朓。朓故惎容、炳麟，又幸脱祸，直诣明震自归，且以《革命军》进。明震缓朓，朓逸，遂名捕容、炳麟。容在狱，日就炳麟说经，亦时时讲佛典，炳麟以《因明入正理论》授之，曰："学此，可以解三年之忧矣。"明年，狱决，容、炳麟皆罚作。西人遇囚无状。容不平，又啖麦饭不饱，益愤激，内热溲膏。炳麟谓容曰："子素不嗜声色，又未近女，今不梦寐而髓自出，宜惩忿自摄持，不者，至春当病温。"明年正月，疾果发。体温温不大热，但欲寐；又懊憹烦冤，不得卧；夜半独语骂人，比旦皆不省。炳麟知其病少阴也，念得中工，进黄连、阿胶、鸡子黄汤，病日已矣。则告狱卒长，请自为持脉疏汤药，弗许；请召日本医，弗许。病四十日，二月二十九日夜半卒于狱中，年二十一矣。诘朝，日加已，炳麟往抚其尸，目不瞑。内外哗言：西医受贿，下毒药杀之。疑不能明。然西医视狱囚至微贱，凡病皆令安坐待命，勿与药。狱囚五百，岁瘐死者率一百六十人。容疾始发，而医不知其剧；比日久，病态已著，顾予以热病常药，亦下毒之次也。容卒之岁，日本与露西亚始成。

《太炎文录初编》文录卷二

驳康有为论革命书（1903）

长素足下：读《与南北美洲诸华商书》，谓中国只可立宪，不能革命，援引今古，洒洒万言。呜呼长素，何乐而为是耶？

热中于复辟以后之赐环，而先为是龃龉不了之语，以耸东胡群兽之听，冀万一可以解免，非致书商人，致书于满人也。夫以一时之富贵，冒万亿不韪而不辞，舞词弄札，眩惑天下，使贱儒元恶为之则已矣；尊称圣人，自谓教主，而犹为是妄言，在己则脂韦突梯以佞满人已耳，而天下之受其蛊惑者，乃较诸出于贱儒元恶之口为尤甚。吾可无一言以是正之乎？

谨案长素大旨，不论种族异同，惟计情伪得失以立说。虽然，民族主义，自太古原人之世，其根性固已潜在，远至今日，乃始发达，此生民之良知本能也。长素亦知种族之必不可破，于是依违迁就以成其说，援引《匈奴列传》，以为上系淳维，出自禹后。夫满洲种族，是曰东胡，西方谓之通古斯种，固与匈奴殊类。虽以匈奴言之，彼既大去华夏，永滞不毛，言语政教，饮食居处，一切自异于域内，犹得谓之同种也耶？智果自别为辅氏，管氏变族为阴家，名号不同，谱牒自异。况于戕虐祖国，职为寇仇，而犹傅以兄弟急难之义，示以周亲梡坿之恩，巨缪极戾，莫此为甚。近世种族之辨，以历史民族为界，不以天然民族为界。籍言天然，则禘祫海藻，享祧蝯蜼，六洲之氓，五色之种，谁非出于一本，而何必为是聒聒者耶？

长素又曰："氐、羌、鲜卑等族，以至元魏所改九十六姓，大江以南，骆越、闽、广，今皆与中夏相杂，恐无从检阅姓谱而攘除之。"不知骆越、闽、广，皆归化汉人而非陵制汉人者也。五胡代北，始尝宰制中华，逮乎隋唐统一，汉族自主，则亦著土傅籍，同为编氓，未尝自别一族，以与汉人相抗，是则同于醇化而已。日本定法，夙有蕃别，欧美近制，亦许归化。此皆以己族为主人，而使彼受吾统治，故一切可无异视。今彼满洲者，其为归化汉人乎？其为陵制汉人乎？堂子妖神，非郊丘之教；辫发璎珞，非弁冕之服；清书国语，非斯、邈之文。徒以尊事孔子，奉行儒术，崇饰观听，斯乃不得已而为之，而即以便其南面之术，愚民之计。若言同种，则非使满人为汉种，乃适使汉人为满种也。长素固言大同公理非今日即可全行。然则今日固为民族主义之时代，而可溷殽满、汉以同薰莸于一器哉？时方据乱而言大平，何自悖其三世之说也？

长素二说，自知非持之有故，言之成理，不得已复援引《春秋》，谓其始外吴、楚，终则等视。不悟荆、扬二域，《禹贡》既列于九州，国土种类，素非异实。徒以王化陵夷，自守千里，远方隔阂，沦为要荒。而文化语言，无大殊绝，《世本》谱系，犹在史官，一日自通于上国，则自复其故名，岂满洲之可与共论者乎？

至谓衣服辫发，汉人已化而同之，虽复改为宋、明之服，反觉不安。抑不知此辫发胡服者，将强迫以成之耶？将安之若性也？禹入裸国，被发文身；墨子入楚，锦衣吹笙，非乐而为此也。强迫既久，习与性成，斯固不足以定是非者。吾闻洪、杨之世，人皆蓄发，不及十年，而曾、左之师摧陷洪氏，复从髡薙。是时朋侪相对，但觉纤首锐颠，形状𪔳异。然则蓄发之久，则以蓄发为安；辫发之久，则以辫发为安。向使满洲制服，涅齿以黛，穿鼻以金，刺体以龙，涂面以垩，恢诡殊形，有若魑魅，行之二百有六十年，而人亦安之无所怪矣。不问其是非然否，而惟问其所安，则所谓祖宗成法不可轻变者，长素亦何以驳之乎？野蛮人有自去其板齿，而反讥有齿者为犬类，长素之说，得无近于是耶？

种种缪戾，由其高官厚禄之性，素已养成，由是引犬羊为同种，奉猳尾为鸿宝，向之崇拜《公羊》，诵法《繁露》，以为一字一句皆神圣不可侵犯者，今则并其所谓复九世之仇而亦议之。其言曰："扬州十日之事，与白起阬赵、项羽阬秦无异。"岂不曰秦、赵之裔未有报白、项之裔者，则满洲亦当同例也。岂知秦、赵、白、项，本非殊种，一旦战胜而击阬之者，出于白、项二人之指麾，非出于士卒全部之合意。若满洲者，固人人欲尽汉种而屠戮之，其非为豫酋一人之志可知也。是故秦、赵之仇白、项，不过仇其一人；汉族之仇满洲，则当仇其全部。且今之握图籍、操政柄者，岂犹是白、项之胤胄乎？三后之姓，降为舆台，宗支荒忽，莫可究诘，虽欲报复，乌从而报复之？至于满洲，则不必问其宗支，而全部自在也；不必稽其姓名，而政府自在也。此则枕戈剸刃之事，秦、赵已不能施于白、项，而汉族犹可施于满洲，章章明矣。明知其可报复，犹复饰为瘖聋，甘与同壤，受其豢养，供其驱使，宁使汉族无自立之日，而必为满洲谋其帝王万世祈天永命之计，何长素之无人心一至于是也！

长素又曰："所谓奴隶者，若波兰之属于俄，印度之属于英，南洋之属于荷，吕宋之属于西班牙，人民但供租税，绝无政权，是则不能不愤求自立耳。若国朝之制，满、汉平等，汉人有才者，匹夫可以为宰相。自同治年来，沈、李、翁、孙，迭相柄政，曾、左及李，倚为外相，恭、醇二邸，但拱手待成耳。即今除荣禄、庆邸外，何一非汉人为政。若夫政治不善，则全由汉、唐、宋、明之旧，而非满洲特制也。然且举明世廷杖、镇盗、大户加税、开矿之酷政而尽除之。圣祖立一条鞭法，纳丁于地，永复差徭，此唐、虞至明之所无，大地万国所未有。他日移变，吾四万万人必有政权自由，可不待革命而得之也。"夫所谓奴隶者，岂徒以形式言耶？曾、左诸将，倚畀虽重，位在藩镇，蕞尔弹丸，未参内政。且福康安一破台湾，而遂有贝子郡王之赏；曾、左反噬洪氏，挈大圭九鼎以付满洲，爵不过通侯，位不过虚名之内阁。曾氏在日，犹必谄事官文，始得保全首领。较其轻重，计其利害，岂可同日而道！近世军机首领，必在宗藩。夫大君无为而百度自治，为首领者，亦以众员供其策使。彼恭、醇二邸之仰成，而沈、李、翁、孙之有事，乃适见此为奴隶而彼为主人也。阶位虽高，犹之阉宦仆竖而赐爵仪同者，彼固仰承风旨云尔，曷能独行其意哉！

盖自乙未以后，彼圣主所长虑却顾，坐席不煖者，独太后之废置我耳。殷忧内结，智计外发，知非变法，无以交通外人得其欢心；非交通外人得其欢心，无以挟持重势，而排沮太后之权力。载湉小丑，未辨菽麦，铤而走险，固不为满洲全部计。长素乘之，投间抵隙，其言获用。故戊戌百日之政，足以书于盘盂，勒于钟鼎，其迹则公，而其心则只以保吾权位也。曩令制度未定，太后夭殂，南面听治，知天下之莫予毒，则所谓新政者，亦任其迁延堕坏而已。非直堕坏，长素所谓拿破仑第三新为民主，力行利民，已而夜宴伏兵，擒议员百数及知名士千数尽置于狱者，又将见诸今日。何也？满、汉两族，固莫能两大也。

今以满洲五百万人，临制汉族四万万人而有余者，独以腐败之成法愚弄之、锢塞之耳！使汉人一日开通，则满人固不能晏处于域内，如奥之抚匈牙利、土之御东罗马也。人情谁不爱其种类而怀其利禄。夫所谓圣明之主者，亦非远于人情者也，果能敝屣其黄屋而弃捐所有以利汉人耶？

藉曰其出于至公，非有满、汉畛域之见，然而新法犹不能行也。何者？满人虽顽钝无计，而其怵惕于汉人，知不可以重器假之，亦人人有是心矣。顽钝愈甚，团体愈结，五百万人同德戮力，如生番之有社寮。是故汉人无民权，而满洲有民权，且有贵族之权者也。虽无太后，而掣肘者什伯于太后；虽无荣禄，而掣肘者什伯于荣禄。今夫建立一政，登用一人，而肺腑暱近之地，群相讙譊，朋疑众难，杂沓而至，自非雄杰独断如俄之大彼得者，固弗能胜是也。

共、驩四子，于尧皆葭莩姻娅也，靖言庸回，而尧亦不得不任用之。今其所谓圣明之主者，其聪明文思，果有以愈于尧耶？其雄杰独断，果有以侪于俄之大彼得者耶？往者戊戌变政，去五寺三巡抚如拉枯，独驻防则不敢撤。彼圣主之力与满洲全部之力，果孰优孰绌也？由是言之，彼其为私，则不欲变法矣；彼其为公，则亦不能变法矣。长素徒以诏旨美谈视为实事，以此诳耀天下。独不读刘知几《载文》之篇乎？谓魏、晋以后，诏敕皆责成群下，藻饰既工，事无不可，故观其政令，则辛、癸不如；读其诏诰，则勋、华再出。此足以知戊戌行事之虚实矣。

且所谓立宪者，固将有上下两院，而下院议定之案，上院犹得以可否之。今上院之法定议员，谁为之耶？其曰皇族，则亲王、贝子是已；其曰贵族，则八家与内外蒙古是已；其曰高僧，则卫藏之达赖、班禅是已。是数者，皆汉族之所无而异种之所特有，是议权仍不在汉人也。所谓满、汉平等者，必如奥、匈二国并建政府而统治于一皇，为双立君主制而后可。使东三省尚在，而满洲大长得以兼统汉人，吾民犹勉自抑制以事之。今者满洲故土既攘夺于俄人，失地当诛，并不认为满洲君主，而何双立君主之有？夫戴此失地之天囚以为汉族之元首，是何异取罪人于囹圄而奉之为大君也！乃曰：朋友之交犹贵久要不忘，安有君臣之际，受人之知遇，因人之危难，中道变弃，乃反戈倒攻者！

诚如是，则载湉者，固长素之私友而汉族之公仇也。况满洲全体之蠢如鹿豕者，而可以不革者哉？虽然，如右所言，大抵关于种类，而于情伪得失未暇论也，则将复陈斯旨，为吾汉族筹之可乎？

长素以为革命之惨，流血成河，死人如麻，而其事卒不可就。然则立宪可不以兵刃得之耶？既知英、奥、德、意诸国，数经民变，始得自由议政之权。民变者，其徒以口舌变乎？抑将以长戟劲弩飞丸发旝变也？近观日本，立宪之始，虽徒以口舌成之，而攘夷覆幕之师在其前矣。使前日无此血战，则后之立宪亦不能成。故知流血成河，死人如麻，为立宪所无可幸免者。长素亦知其无可幸免，于是迁就其说以自文，谓以君权变法，则欧、美之政术器艺可数年而尽举之。夫如是，则固君权专制也，非立宪也。阔普通武之请立宪，天下尽笑其愚，岂有立宪而可上书奏请者？立宪可请，则革命亦可请乎？以一人之诏旨立宪，宪其所宪，非大地万国所谓宪也。长素虽与载湉久处，然而人心之不相知，犹挃一体而他体不知其痛也。载湉亟言立宪，而长素信其必能立宪，然则今有一人执长素而告之曰："我当酿四大海水以为酒，长素亦信其必能酿四大海水以为酒乎？"

夫事之成否，不独视其志愿，亦视其才略何如。长素之皇帝圣仁英武如彼，而何以刚毅能挟后力以尼新法，荣禄能造谣诼以耸人心，各督抚累经严旨皆观望而不辨，甚至章京受戮，己亦幽废于瀛台也？君人者，善恶自专，其威大矣，虽以文母之抑制，佞人之谗嗾，而秦始皇之在位，能取太后、嫪毐、不韦而踣覆之。今载湉何以不能也？幽废之时，犹曰爪牙不具。乃至庚子西幸，日在道涂，已脱幽居之轭，尚不能转移俄顷，以一身逃窜于南方，与太后分地而处，其孱弱少用如此。是则仁柔寡断之主，汉献、唐昭之俦耳！太史公曰："为人君父而不知《春秋》之义者，必蒙首恶之名。"是故志士之任天下者，本无实权，不得以成败论之，而皇帝则不得不以成败论之。何者？有实权而不能用，则不得窃皇帝之虚名也。夫一身之不能保而欲其与天下共忧，督抚之不能制而欲其使万姓守法，庸有几乎！

事既无可奈何矣，其明效大验已众著于天下矣。长素则为之解曰："幽居而不失位，西幸而不被弑，是有天命存焉。王者不死，可以为他日必能立宪之征。"呜呼！王莽渐台之语曰："天生德于予，汉兵其如予何！"今之载湉，何幸有长素以代为王莽也。必若图录有征，符命可信，则吾亦尝略读纬书矣。纬书尚繁，《中庸》一篇固为赞圣之颂，往时魏源、宋翔凤辈，皆尝附之三统三世，谓可以前知未来，虽长素亦或笃信者也。然而《中庸》以"天命"始，以"上天之载，无声无臭"终。"天命"者，满洲建元之始也；"上天之载"者，载湉为满洲末造之亡君也。此则建夷之运，终于光绪；奴儿哈赤之祚，尽于二百八十八年。语虽无稽，其彰明较著，不犹愈于长素之谈"天命"者乎？

要之，拨乱反正，不在"天命"之有无，而在人力之难易。今以革命比之立宪，革命犹易，立宪犹难。何者？立宪之举，自上言之，则不独专恃一人之才略而兼恃万姓之合意；自下言之，则不独专恃万姓之合意而兼恃一人之才略。人我相待，所倚赖者为多。而革命则既有其合意矣，所不敢证明者，其才略耳。然则立宪有二难，而革命独有一难，均之难也，难易相较，则无宁取其少难而差易者矣。虽然，载湉一人之才略，则天下信其最绌矣。而谓革命党中必无有才略如华盛顿、拿破仑者，吾所不敢必也。虽华盛顿、拿破仑之微时，天下亦岂知有华盛顿、拿破仑者？而长素徒以阿坤鸦度一蹶不振相校。今天下四万万人之材性，长素岂尝为其九品中正而一切检察差第之乎？藉曰此魁梧绝特之彦，非中国今日所能有，尧、舜固中国人矣，中国亦望有尧、舜之主出而革命，使本种不亡已耳，何必望其极点如华盛顿、拿破仑者乎？

长素以为中国今日之人心，公理未明，旧俗俱在，革命以后，必将日寻干戈，偷生不暇，何能变法救民，整顿内治！夫公理未明、旧俗俱在之民，不可革命而独可立宪，此又何也？岂有立宪之世，一人独圣于上而天下皆生番野蛮者哉？虽然，以此讥长素，则为反唇相稽，校轸无已，吾曰不可立宪，长素犹曰不可革命也。则应之曰："人心之智慧，自竞争而后发生，今日之民智，不必恃他事以开之，而但恃革命以开之。"且勿举华、拿二圣，而举明末之李自成。李自成者，迫于饥寒，揭竿而起，固无革命观念，尚非今日广西会党之侪也。然自声势稍增而革命之念起，革命之念起而剿兵救民赈饥济困之事兴。岂李自成生而有是志哉？竞争既久，知此事之不可已也。虽然，在李自成之世，则赈饥济困为不可已；在今之世，则合众共和为不可已。是故以赈饥济困结人心者，事成之后，或为枭雄；以合众共和结人心者，事成之后，必为民主。民主之兴，实由时势迫之，而亦由竞争以生此智慧者也。征之今日，义和团初起时，惟言扶清灭洋，而景廷宾之师，则知扫清灭洋矣。今日广西会党，则知不必开衅于西人，而先以扑灭满洲、剿除官吏为能事矣。唐才常初起时，深信英人，密约漏情，乃卒为其所卖。今日广西会党，则知己为主体而西人为客体矣。人心进化，孟晋不已。以名号言，以方略言，经一竞争，必有胜于前者。今之广西会党，其成败虽不可知，要之继此而起者，必视广西会党为尤胜，可豫言也。然则公理之未明，即以革命明之；旧俗之俱在，即以革命去之。革命非天雄大黄之猛剂，而实补泻兼备之良药矣。

长素以为今之言革命者，或托外人运械，或请外国练军，或与外国立约，或向外国乞师。卒之堂堂大国，谁肯与乱党结盟，可取则取之耳。吾以为今日革命，不能不与外国委蛇，虽极委蛇，犹不能不使外人干涉。此固革命党所已知，而非革命党所未知也。日本之覆幕也，法人尝通情于大将军，欲为代平内乱。大将军之从之与否，此固非覆幕党所能豫知，然以人情自利言之，则从之为多数而不从为少数，幸而不从，是亦覆幕党所不料也。而当其歃血举义之时，固未尝以其必从而少沮。今者人知恢复略有萌芽，而长素何忍以逆料未中之言，沮其方新之气乎？呜呼！

生二十世纪难，知种界难，新学发见难，直人心奋厉时难。前世圣哲，或不遇时，今我国民，幸睹精色。哀哀汉种，系此刹那，谁无父母，谁无心肝，何其忝阙之不遗余力，幸同种之为奴隶、以必信其言之中也！且运械之事，势不可无，而乞师之举，不必果有。今者西方数省，外稍负海，而内有险阻之形势，可以利用外人而不为外人所干涉者，亦未尝无其地也。略得数道，为之建立政府，百度维新，庶政具举。彼外人者，亦视势利所趋耳，未成则欲取之，小成则未有不认为与国者，而何必沾沾多虑为乎！

世有谈革命者，知大事之难举，而言割据自立，此固局于一隅，所谓井底之蛙不知东海者，而长素以印度成事戒之。虽然，吾固不主割据，犹有辩护割据之说在，则以割据犹贤于立宪也。夫印度背蒙古之莫卧尔朝，以成各省分立之势，卒为英人蚕食，此长素所引为成鉴者。然使莫卧尔朝不亡，遂能止英人之蚕食耶？当莫卧尔一统时，印度已归于异种矣，为蒙古所有与为英人所有，二者何异？使非各省分立，则前者为蒙古时代，后者为英吉利时代，而印度本种并无此数十年之国权。夫终古不能得国权与暂得国权而复失之，其利害相越，岂不远哉！语曰："不自由，无宁死！"然则暂有自由之一日而明日自刎其喉，犹所愿也，况绵延至于三四十年乎！

且以印度情状比之中国，则固有绝异者。长素《论印度亡国书》，谓其文学工艺远过中国，历举书籍见闻以为证。不知热带之地，不忧冻饿，故人多慵惰，物易坏烂，故薄于所有观念，是故婆罗、释迦之教，必见于印度而不见于异地。惟其无所有观念，而视万物为无常，不可执著故。此社会学家所证明，势无可遁者也。夫薄于所有观念，则国土之得丧，种族之盛衰，固未尝概然于胸中。当释迦出世时，印度诸国已为波斯属州，今观内典，徒举比邻诸王而未见波斯皇帝，若并不知己国之属于波斯者。厥有愤发其所能自树立者，独阿育王一家耳。近世各省分立之举，亦其出于偶尔而非出于本怀，志既不坚，是故迁延数世，国以沦丧。夫欲自强其国种者，不恃文学工艺，而惟视所有之精神。中国之地势人情，少流散而多执著，其贤于印度远矣。自甲申沦陷，以至今日，愤愤于腥羶贱种者，何地蔑有！其志坚于印度，其成事亦必胜于印度，此宁待蓍蔡而知乎！

若夫今之汉人，判涣无群，人自为私，独甚于汉、唐、宋、明之季，是则然矣。抑谁致之而谁迫之耶？吾以为今人虽不尽以逐满为职志，或有其志而不敢讼言于畴人，然其轻视鞑靼以为异种贱族者，此其种性根于二百年之遗传，是固至今未去者也。往者陈名夏、钱谦益辈，以北面降虏，贵至阁部，而未尝建白一言，有所补助，如魏徵之于太宗，范质之于艺祖者。彼固曰异种贱族，非吾中夏神明之胄，所为立于其朝者，特曰冠貂蝉、袭青紫而已，其存听之，其亡听之。若曰为之驰驱效用而有所补助于其一姓之永存者，非吾之志也。理学诸儒，如熊赐履、魏象枢、陆陇其、朱轼辈，时有献替，而其所因革，未有关于至计者。虽曾、胡、左、李之所为，亦曰建殊勋、博高爵耳！功成而后，于其政治之盛衰，宗稷之安危，未尝有所筹画焉，是并拥护一姓而亦非其志也。其他朝士，入则弹劾权贵，出则搏击豪强，为难能可贵矣；次即束身自好，优游卒岁，以自处于朝隐；而下之贪墨无艺、怯懦忘耻者，所在皆是。三者虽殊科，要其大者不知会计之盈绌，小者不知断狱之多寡，苟得廪禄，以全吾室家妻子，是其普通之术矣。无他，本陈名夏、钱谦益之心以为心者，固二百年而不变也。明之末世，五遭倾覆，一命之士，文学之儒，无不建义旗以抗仇敌者，下至贩夫乞子，儿童走卒，执志不屈而仰药剚刃以死者，不可胜计也。今者北京之破，民则愿为外国之顺民，官则愿为外国之总办，食其俸禄，资其保护，尽顺天城之中，无不牵羊把茅，甘为贰臣者。若其不事异姓，躬自引决，搢绅之士，殆无一人焉。无他，亦曰异种贱族，非吾中夏神明之胄，所为立于其朝者，特曰冠貂蝉、袭青紫而已。其为满洲之主则听之，其为欧、美之主则听之，本陈名夏、钱谦益之心以为心者，亦二百年而不变也。然则满洲弗逐，而欲士之争自濯磨，民之敌忾效死，以期至乎独立不羁之域，此必不可得之数也。浸微浸衰，亦终为欧、美之奴隶而已矣。非种不锄，良种不滋，败群不除，善群不殖，自非躬执大彗以扫除其故家污俗，而望禹域之自完也，岂可得乎？以上录旧著《正仇满论》。

夫以种族异同，明白如此，情伪得失，彰较如彼，而长素犹偷言立宪而力排革命者，宁智不足、识不逮耶？吾观长素二十年中，变易多矣。始孙文倡义于广州，长素尝遣陈千秋、林奎往，密与通情。及建设保国会，亦言保中国，不保大清，斯固志在革命者。未几，瞑瞒于富贵利禄，而欲与素志调和，于是戊戌柄政，始有变法之议。事败亡命，作衣带诏，立保皇会，以结人心。然庚子汉口之役，犹以借遵皇权，密约唐才常等，卒为张之洞所发。当是时，素志尚在，未尽澌灭也。唐氏既亡，保皇会亦渐溃散。长素自知革命之不成，则又瞑瞒于富贵利禄，而今之得此，非若畴昔之易，于是宣布是书，其志岂果在保皇立宪耶？亦使满人闻之，而曰长素固忠贞不贰，竭力致死以保我满洲者，而向之所传，借遵皇权保中国不保大清诸语，是皆人之所以诬长素者，而非长素故有是言也。荣禄既死，那拉亦耄，载湉春秋方壮，他日复辟，必有其期，而满洲之新起柄政者，其势力权藉或不如荣禄诸奸，则工部主事可以起复，虽内阁军机之位，亦可以觊觎矣。长素固云：“穷达一节，不变塞焉。”盖有之矣，我未之见也。

抑吾有为长素忧者，向日革命之议，哗传于人间，至今未艾。陈千秋虽死，孙文、林奎尚在；唐才常虽死，张之洞尚在；保国会之微言不著竹帛，而入会诸公尚在。其足以证明长素之有志革命者，不可件举，虽满人之愚蒙，亦未必遽为长素欺也。呜呼哀哉！“南海圣人”，多方善疗，而梧鼠之技，不过于五，亦有时而穷矣。满人既不可欺，富贵既不可复，而反使炎黄遗胄受其蒙蔽，而缓于自立之图。惜乎！己既自迷，又使他人沦陷，岂直二缶钟惑而已乎！此吾所以不得不为之辨也。

若长素能跃然祇悔，奋厉朝气，内量资望，外审时势，以长素魁垒耆硕之誉闻于禹域，而弟子亦多言革命者，少一转移，不失为素王玄圣。后王有作，宣昭国光，则长素之像屹立于星雾，长素之书尊藏于石室，长素之迹葆覆于金塔，长素之器配崇于铜柱，抑亦可以尉荐矣。藉曰死权之念，过于殉名，少安无躁，以待新皇。虽长素已槁项黄馘，卓茂之尊荣，许靖之优养，犹可无操左契而获之。以视名实俱丧，为天下笑者，何如哉？书此，敬问起居不具。章炳麟白。

《太炎文录初编》文录卷二

在东京留学生欢迎会上之演讲（1906）

今日承诸君高谊，开会欢迎，实在愧不克当；况且自顾生平，并没有一长可恃，愈觉惭愧。只就兄弟平生的历史，与近日办事的方法，略讲给诸君听听。

兄弟少小的时候，因读蒋氏《东华录》，其中有戴名世、曾静、查嗣庭诸人的案件，便就胸中发愤，觉得异种乱华，是我们心里第一恨事。后来读郑所南、王船山两先生的书，全是那些保卫汉种的话，民族思想渐渐发达。但两先生的话，却没有甚么学理。自从甲午以后，略看东西各国的书籍，才有学理收拾进来，当时对着朋友，说这逐满独立的话，总是摇头，也有说是疯颠的，也有说是叛逆的，也有说是自取杀身之祸的。但兄弟是凭他说个疯颠，我还守我疯颠的念头。

壬寅春天，来到日本，见着中山，那时留学诸公，在中山那边往来，可称志同道合的，不过一二个人。其余偶然来往的，总是觉得中山奇怪，要来看看古董，并没有热心救汉的心思。暗想我这疯颠的希望，毕竟是难遂的了，就想披起袈裟，做个和尚，不与那学界政界的人再通问讯。不料监禁三年以后，再到此地，留学生中助我张目的人，较从前增加百倍，才晓得人心进化，是实有的。以前排满复汉的心肠，也是人人都有，不过潜在胸中，到今日才得发现。自己以前所说的话，只比得那“鹤知夜半，鸡知天明”。夜半天明，本不是那只鹤、那只鸡所能办得到的，但是得气之先，一声胶胶喔喔的高啼，叫人起来做事，也不是可有可无。到了今日，诸君所说民族主义的学理，圆满精致，真是后来居上，兄弟岂敢自居先辈吗？

只是兄弟今日还有一件要说的事，大概为人在世，被他人说个疯颠，断然不肯承认，除那笑傲山水诗豪画伯的一流人，又作别论，其余总是一样。独有兄弟却承认我是疯颠，我是有神经病，而且听见说我疯颠，说我有神经病的话，倒反格外高兴。为甚么缘故呢？大凡非常可怪的议论，不是神经病人，断不能想，就能想也不敢说。说了以后，遇着艰难困苦的时候，不是神经病人，断不能百折不回，孤行己意。所以古来有大学问成大事业的，必得有神经病才能做到。诸君且看那希腊哲学家琐格拉底，可不是有神经病的么？那提出民权自由的路索，为追一狗，跳过河去，这也实在是神经病。那回教初祖摩罕默德，据今日宗教家论定，是有脏燥病的。像我汉人，明朝熊廷弼的兵略，古来无二，然而看他《气性传》说，熊廷弼剪截是个疯子。近代，左宗棠的为人，保护满奴，残杀同类，原是不足道的。但他那出奇制胜的方略，毕竟令人佩服。这左宗棠少年在岳麓书院的事，种种奇怪，想是人人共知。更有德毕士马克，曾经在旅馆里头，叫唤堂官，没有答应，便就开起枪来，这是何等性情呢？仔细看来，那六人才典功业，都是神经病里流出来的。为这缘故，兄弟承认自己有神经病；也愿诸位同志，人人个个，都有一两分的神经病。近来有人传说，某某是有神经病，某某也是有神经病。兄弟看来，不怕有神经病，只怕富贵利禄当面现前的时候，那神经病立刻好了，这才是要不得呢！略高一点的人，富贵利禄的补剂，虽不能治他的神经病，那艰难困苦的毒剂，还是可以治得的，这总是脚跟不稳，不能成就甚么气候。

兄弟尝这毒剂，是最多的。算来自戊戌年以后，已有七次查拿，六次都拿不到，到第七次方才拿到。以前三次，或因别事株连，或是普拿新党，不专为我一人；后来四次，却都为逐满独立的事。但兄弟在这艰难困苦的盘涡里头，并没有一丝一毫的懊悔，凭你甚么毒剂，这神经病总治不好。或者诸君推重，也未必不由于此。若有人说，假如人人有神经病，办事必定瞀乱，怎得有个条理？但兄弟所说的神经病，并不是粗豪卤莽，乱打乱跳，要把那细针密缕的思想，装载在神经病里。譬如思想是个货物，神经病是个汽船，没有思想，空空洞洞的神经病必无实济；没有神经病，这思想可能自动的么？以上所说，是略讲兄弟平生的历史。

至于近日办事的方法，一切政治、法律、战术等项，这都是诸君已经研究的，不必提起。依兄弟看，第一要在感情，没有感情，凭你有百千万亿的拿破仑、华盛顿，总是人各一心，不能团结。当初柏拉图说“人的感情，原是一种醉病”，这仍是归于神经的了。要成就这感情，有两件事是最要的：第一，是用宗教发起信心，增进国民的道德；第二，是用国粹激动种性，增进爱国的热肠。

先说宗教。近来像宾丹、斯宾塞尔那一流人崇拜功利，看得宗教都是漠然。但若没有宗教，这道德必不得增进，生存竞争，专为一己，就要团结起来，譬如一碗的干麨子，怎能团得成面？欧、美各国的宗教，只奉耶苏基督，虽是极其下劣，若没有这基督教，也断不能到今日的地位。那伽得《社会学》中，已把斯宾塞的话，驳辩一过。只是我们中国的宗教，应该用那一件？

若说孔教，原有好到极处的。就是各种宗教，都有神秘难知的话杂在里头，惟有孔教，还算干净，但他也有极坏的。因为孔子当时，原是贵族用事的时代，一班平民，是没有官做的，孔子心里，要与贵族竞争，就教化起三千弟子，使他成就做官的材料。从此以后，果然平民有官做了。但孔子最是胆小，虽要与贵族竞争，却不敢去联合平民，推翻贵族政体。他《春秋》上虽有“非世卿”的话，只是口诛笔伐，并不敢实行的，所以他教弟子，总是依人作嫁，最上是帝师王佐的资格，总不敢觊觎帝位。及到最下一级，便是委吏乘田，也将就去做了。诸君看孔子生平，当时摄行相事的时候，只是依傍鲁君，到得七十二国周游数次，日暮途穷，回家养老，那时并且依傍季氏，他的志气，岂不一日短一日么？所以孔教最大的污点，是使人不脱富贵利禄的思想。自汉武帝专尊孔教以后，这热中于富贵利禄的人，总是日多一日。我们今日想要实行革命，提倡民权，若夹杂一点富贵利禄的心，就像微虫霉菌，可以残害全身，所以孔教是断不可用的。

若说那基督教，西人用了，原是有益；中国用了，却是无益。因中国人的信仰基督，并不是崇拜上帝，实是崇拜西帝。最上一流，是借此学些英文、法文，可以自命不凡；其次就是饥寒无告，要借此混日子的；最下是凭仗教会的势力，去鱼肉乡愚，陵轹同类。所以中国的基督教，总是伪基督教，并没有真基督教。但就是真基督教，今日还不可用。因为真基督教，若野蛮人用了，可以日进文明；若文明人用了，也就退入野蛮。试看罗马当年，政治学术，何等灿烂，及用基督教后，一切哲学，都不许讲，使人人自由思想，一概堵塞不行，以致学问日衰，政治日敝，罗马也就亡了。那继起的日耳曼种，本是野蛮贱族，得些基督教的道德，把那强暴好杀的心，逐渐化去，就能日进文明，这不是明白的证据么？今日的中国，虽不能与罗马并称，却还可称伯仲，断不是初起的日耳曼种可相比例。所以真正的基督教，于中国也是有损无益。再就理论上说，他那谬妄可笑，不合哲学之处，略有学问思想的人，决定不肯信仰，所以也无庸议。

孔教、基督教，既然必不可用，究竟用何教呢？我们中国，本称为佛教国。佛教的理论，使上智人不能不信；佛教的戒律，使下愚人不能不信。通彻上下，这是最可用的。但今日通行的佛教，也有许多的杂质，与他本教不同，必须设法改良，才可用得。因为净土一宗，最是愚夫愚妇所尊信的。他所求的，只是现在的康乐、子孙的福泽，以前崇拜科名的人，又将那最混账的《太上感应篇》《文昌帝君阴骘文》等，与净土合为一气，烧纸、拜忏、化笔、扶箕，种种可笑可丑的事，内典所没有说的，都一概附会进去。所以信佛教的，只有那卑鄙恶劣的神情，并没有勇猛无畏的气概。我们今日要用华严、法相二宗改良旧法。这华严宗所说，要在普度众生，头目脑髓，都可施舍与人，在道德上最为有益。这法相宗所说，就是万法惟心。一切有形的色相，无形的法尘，总是幻见幻想，并非实在真有。近来康德、索宾霍尔诸公，在世界上称为哲学之圣。康德所说"十二范畴"，纯是"相分"的道理。索宾霍尔所说"世界成立全由意思盲动"，也就是"十二缘生"的道理，却还有许多哲理，是诸公见不到的。所以今日德人，崇拜佛教，就是为此。在哲学上今日也最相宜。要有这种信仰，才得勇猛无畏，众志成城，方可干得事来。佛教里面，虽有许多他力摄护的话，但就华严、法相讲来，心佛众生，三无差别。我所靠的佛祖仍是靠的自心，比那基督教人依傍上帝，扶墙摸壁，靠山靠水的气象，岂不强得多吗？

有的说中国佛教已经行了二千年，为甚没有效果？这是有一要点。大概各教可以分为三项：一是多神教，二是一神教，三是无神教。也如政体分为三项：一是贵族政体，二是君主政体，三是共和政体。必要经过君主政体的阶级，方得渐入共和政体；若从这贵族政体，一时变成共和政体，那共和政体必带种种贵族的杂质。必要经过一神教的阶级，方得渐入无神教，若从这多神教一时变成无神教，那无神教必带种种多神教的杂质。中国古代的道教，这就是多神教。后来佛教进来，这就是无神教。中间未经一神教的阶级，以致世人看佛，也是一种鬼神，与那道教的种种鬼神，融化为一。就是刚才所说的烧纸、拜忏、化笔、扶箕等类，是袁了凡、彭尺木、罗台山诸人所主张的。一般社会，没有一人不堕这坑中，所以佛教并无效果。如今基督教来，崇拜一神，借摧陷廓清的力，把多神教已经打破，所以再行佛教必有效果可见的了。

有的说印度人最信佛教，为甚亡国？这又是一要点。因为印度所有，只是宗教，更没甚么政治法律。这部《摩挐法典》，就是婆罗门所撰定。从来没有政治法律的国，任用何教，总是亡国。这咎不在佛教，在无政治法律。我中国已有政治法律，再不会像印度一样。若不肯信，请看日本可不是崇信佛教的国么？可像那印度一样亡国么？

有的说佛教看一切众生，皆是平等，就不应生民族思想，也不应说逐满复汉。殊不晓得佛教最重平等，所以妨碍平等的东西，必要除去，满洲政府待我汉人种种不平，岂不应该攘逐？且如婆罗门教分出四性阶级，在佛教中最所痛恨。如今清人待我汉人，比那刹帝利种虐待首陀更要利害十倍。照佛教说，逐满复汉，正是分内的事。又且佛教最恨君权，大乘戒律都说："国王暴虐，菩萨有权，应当废黜。"又说："杀了一人，能救众人，这就是菩萨行。"其余经论，王贼两项，都是并举。所以佛是王子，出家为僧，他看做王就与做贼一样，这更与恢复民权的话相合。所以提倡佛教，为社会道德上起见，固是最要；为我们革命军的道德上起见，亦是最要。总望诸君同发大愿，勇猛无畏。我们所最热心的事，就可以干得起来了。

次说国粹。为甚提倡国粹？不是要人尊信孔教，只是要人爱惜我们汉种的历史。这个历史，是就广义说的，其中可以分为三项：一是语言文字，二是典章制度，三是人物事迹。近来有一种欧化主义的人，总说中国人比西洋人所差甚远，所以自甘暴弃，说中国必定灭亡，黄种必定剿绝。因为他不晓得中国的长处，见得别无可爱，就把爱国爱种的心，一日衰薄一日。若他晓得，我想就是全无心肝的人，那爱国爱种的心，必定风发泉涌，不可遏抑的。兄弟这话，并不像做《格致古微》的人，将中国同欧洲的事，牵强附会起来；又不像公羊学派的人，说甚么三世就是进化，九旨就是进夷狄为中国，去仰攀欧洲最浅最陋的学说，只是就我中国特别的长处，略提一二。

先说语言文字。因为中国文字，与地球各国绝异，每一个字，有他的本义，又有引申之义。若在他国，引申之义，必有语尾变化，不得同是一字，含有数义。中国文字，却是不然。且如一个天字，本是苍苍的天，引申为最尊的称呼，再引申为自然的称呼。三义不同，总只一个天字。所以有《说文》《尔雅》《释名》等书，说那转注、假借的道理。又因中国的话，处处不同，也有同是一字，彼此声音不同的；也有同是一物，彼此名号不同的。所以《尔雅》以外，更有《方言》，说那同义异文的道理。这一种学问，中国称为“小学”，与那欧洲“比较语言”的学，范围不同，性质也有数分相近。但是更有一事，是从来小学家所未说的，因为造字时代先后不同，有古文大篆没有的字，独是小篆有的；有小篆没有的字，独是隶书有的；有汉时隶书没有的字，独是《玉篇》《广韵》有的；有《玉篇》《广韵》没有的字，独是《集韵》《类篇》有的。因造字的先后，就可以推见建置事物的先后。且如《说文》兄弟两字，都是转注，并非本义，就可见古人造字的时代，还没有兄弟的名称。又如君字，古人只作尹字，与那父字，都是从手执杖，就可见古人造字的时代，专是家族政体，父权君权，并无差别。其余此类，一时不能尽说。发明这种学问，也是社会学的一部。若不是略知小学，史书所记，断断不能尽的。近来学者，常说新事新物，逐渐增多，必须增造新字，才得应用，这自然是最要，但非略通小学，造出字来，必定不合六书规则。至于和合两字，造成一个名词，若非深通小学的人，总是不能妥当。又且文辞的本根，全在文字，唐代以前，文人都通小学，所以文章优美，能动感情。两宋以后，小学渐衰，一切名词术语，都是乱搅乱用，也没有丝毫可以动人之处。究竟甚么国土的人，必看甚么国土的文，方觉有趣。像他们希腊、梨俱的诗，不知较我国的屈原、杜工部优劣如何？但由我们看去，自然本种的文辞，方为优美。可惜小学日衰，文辞也不成个样子。若是提倡小学，能够达到文学复古的时候，这爱国保种的力量，不由你不伟大的。

第二要说典章制度。我们中国政治，总是君权专制，本没有甚么可贵，但是官制为甚么要这样建置？州郡为甚么要这样分划？军队为甚么要这样编制？赋税为甚么要这样征调？都有一定的理由，不好将专制政府所行的事，一概抹杀。就是将来建设政府，那项须要改良？那项须要复古？必得胸有成竹，才可以见诸施行。至于中国特别优长的事，欧、美各国所万不能及的，就是均田一事，合于社会主义。不说三代井田，便从魏、晋至唐，都是行这均田制度。所以贫富不甚悬绝，地方政治容易施行。请看唐代以前的政治，两宋至今，那能仿佛万一。这还是最大最繁的事，其余中国一切典章制度，总是近于社会主义，就是极不好的事，也还近于社会主义。兄弟今天，略举两项，一项是刑名法律。中国法律，虽然近于酷烈，但是东汉定律，直到如今，没有罚钱赎罪的事，惟有职官妇女，偶犯笞杖等刑，可以收赎。除那样人之外，凭你有陶朱、猗顿的家财，到得受刑，总与贫人一样。一项是科场选举。这科举原是最恶劣的，不消说了，但为甚隋、唐以后，只用科举，不用学校？因为隋、唐以后，书籍渐多，必不能像两汉的简单。若要入学购置书籍，必得要无数金钱。又且功课繁多，那做工营农的事，只可搁起一边，不能像两汉的人，可以带经而锄的。惟有律赋诗文，只要花费一二两的纹银，就把程墨可以统统买到，随口咿唔，就像唱曲一般，这做工营农的事，也还可以并行不悖，必得如此，贫人才有做官的希望。若不如此，求学入官，不能不专让富人，贫民是沉沦海底，永无参预政权的日子。这两件事，本是极不好的，尚且带几分社会主义的性质，况且那好的么？我们今日崇拜中国的典章制度，只是崇拜我的社会主义。那不好的，虽要改良；那好的，必定应该顶礼膜拜，这又是感情上所必要的。

第三要说人物事迹。中国人物，那建功立业的，各有功罪，自不必说。但那俊伟刚严的气魄，我们不可不追步后尘。与其学步欧、美，总是不能像的；何如学步中国旧人，还是本来面目。其中最可崇拜的，有两个人：一是晋末受禅的刘裕，一是南宋伐金的岳飞，都是用南方兵士，打胜胡人，可使我们壮气。至于学问上的人物，这就多了。中国科学不兴，惟有哲学，就不能甘居人下。但是程、朱、陆、王的哲学，却也无甚关系。最有学问的人，就是周秦诸子，比那欧洲、印度，或者难有定论；比那日本的物茂卿、太宰纯辈，就相去不可以道里计了。日本今日维新，那物茂卿、太宰纯辈，还是称颂弗衰，何况我们庄周、荀卿的思想，岂可置之脑后？近代还有一人，这便是徽州休宁县人，姓戴名震，称为东原先生，他虽专讲儒教，却是不服宋儒，常说“法律杀人，还是可救；理学杀人，便无可救”。因这位东原先生，生在满洲雍正之末，那满洲雍正所作朱批上谕，责备臣下，并不用法律上的说话，总说“你的天良何在？你自己问心可以无愧的么？”只这几句宋儒理学的话，就可以任意杀人。世人总说雍正待人最为酷虐，却不晓是理学助成的。因此那个东原先生，痛哭流涕，做了一本小小册子，他的书上，并没有明骂满洲，但看见他这本书，没有不深恨满洲。这一件事，恐怕诸君不甚明了，特为提出。照前所说，若要增进爱国的热肠，一切功业学问上的人物，须选择几个出来，时常放在心里，这是最紧要的。就是没有相干的人，古事古迹，都可以动人爱国的心思。当初顾亭林要想排斥满洲，却无兵力，就到各处去访那古碑古碣传示后人，也是此意。

以上所说，是近日办事的方法，全在宗教、国粹两项，兄弟今天，不过与诸君略谈，自己可以尽力的，总不出此两事。所望于诸君的，也便在此两事。总之，要把我的神经病质，传染诸君，更传染与四万万人。至于民族主义的学理，诸君今日，已有余裕；发行论说刊刻报章的事，兄弟是要诸君代劳的了。

《民报》第6号，1906年7月

革命之道德（1906）

古之所谓革命者，其义将何所至耶？岂不曰天命无常，五德代起，质文相变，礼时为大耶？夫如是，则改正朔、易服色、异官号、变旗识，足以尽革命之能事矣。名不必期于背古，而实不可不务其惬心。吾所谓革命者，非革命也，曰光复也，光复中国之种族也，光复中国之州郡也，光复中国之政权也。以此光复之实，而被以革命之名。呜呼！天步艰难，如阪九折，墨翟、禽滑厘之俦，犹不能期其必效，又乃况于柔脆怯弱如吾属者。世无黄中通理之人，而汲汲焉以唇舌相斫，论议虽笃，徒文具耳！

旷观六合之邦家，虽起废不常，盛衰相复，若其沦于异族，降为台隶者，则亦鲜有；有之，必素无法律政治与愚昧无知之民也。中国之学术，章章如彼，其民不可谓愚。秦、汉以降，政虽专制，非无宪章著于官府，良治善法，足以佐百姓者，亦往往而有。举吾炎项嬴刘之苗裔，提封万里，民籍巨亿，一旦委而弃之于胡羯，其根本竟安在耶？晋之乱于五胡也，桓温、刘裕起而振之；宋之割于女真也，岳飞、虞允文出而匡之；蒙古不道，宰割诸夏，改玉改步，人无异心，濠州真人，奋臂大泽之间，元政瓦解，北方郡县，传檄而定。综观往古，戎夏交捽之事，侵入者不过半壁，全制者不逾百年，硕果虽食，不远而复。今者，满洲之在中国，疆域已一统矣，载祀已三百矣，川楚磨顶于前，金田趼足于后，陨身赤族，卒无一成，是孰使之然耶？

昔王而农发愤于晚明之丧，推而极之，至于孤秦陋宋，以为藩旗削弱，州郡无兵，故夷狄之祸日亟，此可为汉族自治之良箴，非所论于覆亡之后也。近世学者，推寻祸始，以为宋世儒者妄论《春秋》，其教严于三纲，共防弛于异族，故逆胡得利用其术以阻遏吾民爱国之心。然自季明以后，三纲之名虽存，其实废久矣。而里巷鄙人之言鞑靼者，犹相率以为鄙夷之名，是其心亦未尝泯绝也。或者又谓祸本之成，咎在汉学，虽日本人亦颂言之。夫讲学者之媮于武事，非独汉学为然。今以中国民籍，量其多少，则识字知文法者，无过百分之二；讲汉学者，于此二分，又千分之一耳！且反古复始，人心所同，裂冠毁冕之既久，而得此数公者，追论姬汉之旧章，寻绎东夏之成事，乃适见犬羊殊族，非我亲昵。彼意大利之中兴，且以文学复古为之前导，汉学亦然，其于种族，固有益无损。已于此数者，欲寻其咎，而咎卒不可得，微芒暗昧，使人疑眩。冥心而思之，寤寐而求之，其衅始于忽微，其积坚于磐石。

呜呼！吾于是知道德衰亡，诚亡国灭种之根极也。今与邦人诸友，同处革命之世，偕为革命之人，而自顾道德，犹无以愈于陈胜、吴广，纵令瘏其口、焦其唇、破碎其齿颊，日以革命号于天下，其卒将何所济？道德者，不必甚深言之，但使确固坚厉，重然诺，轻死生，则可矣。虽然，吾闻古之言道德者曰：大德不逾闲，小德出入可也。今之言道德者曰：公德不逾闲，私德出入可也。道德果有大小公私之异乎？于小且私者，苟有所出入矣；于大且公者，而欲其不逾闲，此乃迫于约束，非自然为之也。政府既立，法律既成，其人知大且公者之逾闲，则必不免于刑戮；其小且私者，虽出入而无所害。是故一举一废，应于外界而为之耳。政府未立，法津未成，小且私者之出入，刑戮所不及也；大且公者之逾闲，亦刑戮所不及也。如此，则恣其情性，顺其意欲，一切破败而毁弃之，此必然之势也。吾辈所处革命之世，此政府未立，法律未成之世也。方得一芥不与，一芥不取者，而后可与任天下之重。若曰有狙诈如陈平、倾险如贾诩者，吾亦可以因而任之，此自政府建立后事，非今日事也。今世之言革命者，则非直以陈平、贾诩为重宝，而方欲自效陈平、贾诩之所为，若以此为倜傥非常者。悲夫！悲夫！

方今中国之所短者，不在智谋而在贞信，不在权术而在公廉，其所需求，乃与汉时绝异。楚、汉之际，风尚淳朴，人无诈虞，革命之雄，起于吹箫编曲。汉祖所任用者，上自萧何、曹参，其下至于王陵、周勃、樊哙、夏侯婴之徒，大抵木强少文，不识利害。彼项王以勇悍仁强之德，与汉氏争天下，其所用皆廉节士。两道德相若也，则必求一不道德者而后可以获胜，此魏无知所以斥尾生、孝己为无用，而陈平乃见宝于汉庭矣。季汉风节，上轶商、周，魏武虽任刑法，所用将士，慇不畏死，而帷幄之中，参豫机要者，钟、陈、二荀，皆刚方皎白士也。有道德者既多，亦必求一不道德者而后可以获胜，故贾诩亦贵于霸朝矣。其所以见贵者，以其时倾险狙诈之才不可多得而贵之也。庄周云："药也，其实堇也，豕零也，鸡痈也，桔梗也，是时为帝者也。"风教陵夷，机械日构，至于今日，求一质直如萧、曹，清白如钟、陈、二荀，奋厉如王陵、周勃、樊哙、夏侯婴者，则不可得，而陈平、贾诩所在有之。尽天下而以诈相倾，甲之诈也，乙能知之；乙之诈也，甲又知之；其诈即亦归于无用。甲与乙之诈也，丙与丁疑之；丙与丁之诈也，甲与乙又疑之。同在一族，而彼此互相猜防，则团体可以立散。是故人人皆不道德，则惟有道德者可以获胜，此无论政府之已立未立，法律之已成未成，而必以是为枭矣。

谈者又曰：识世务者，存乎俊杰，所谓英雄，在指麾而定尔。世有材杰敢死之士，吾能任之，使为己死，则大业可成，逆胡可攘。若必亲涖行陈，以身殉事，此无异于斗鸡狗者，亦天下之大愚也。呜呼！为是言者，若云天下可以不战而定，则亦已矣；若犹待战，宁有不危而获者。最观上世之事，汉高与项氏战，涉险被创，垂死数四，太公、吕后、孝惠、鲁元之属，登俎堕车，固不暇顾。广武之矢，荥阳之围，皆以身冒白刃，然后士卒用命，乐为尽力。光武昆阳之役，亲率将士以与虎豹相搏，幸而获济。魏武智计殊绝于人，然犹困于南阳，险于乌巢，危于祁连，逼于黎阳，几败伯山，殆死潼关，然后伪定一时，此其成事可见者。夫其政府已立，军队已成，驱使将校，易如转轴，犹必躬受矢石而后获之。又况天造草昧，壮士乌集，纪律未申，符籍未著，不以一身拊循士卒，共同安危，而欲人为尽力，虽乳儿知其不能矣。且汉、魏诸君，志在为己，与诸将固有臣主之分，主逸臣劳，主生臣死，犹可以名分责之。今之革命，非为一己而为中国，中国为人人所共有，则战死亦为人人所当有，而曰甲者当为其易，乙者当为其难，可乎？

若以人材难得，不欲使之创寿于旗幢者，不悟艰难之事，固非一人所任，为权首者常败，而成者必在继起之人。且人材非天成也，固以人事感发而兴起之，前者以身殉中国矣，后者慕其典型，追其踵武，则人材方益众多，夫何匮乏之忧乎？昔华盛顿拯一溺儿，跃入湍水，盖所谓从井救人者。若华盛顿作是念曰：溺儿生死，轻于鸿毛，吾之生死，重于泰山，空弃万姓倚赖之躯，而为溺儿授命，此可谓至无算者，如是，则必不入湍矣。华盛顿以分外之事而为之死，今人以自分之事而不肯为之死，吾于是知优于私德者亦必优于公德，薄于私德者亦必薄于公德，而无道德者之不能革命，较然明矣。

且道德之为用，非特革命而已，事有易于革命者，而无道德亦不可就。一于戊戌变法党人见之，二于庚子保皇党人见之。戊戌变法，惟谭嗣同、杨深秀为卓厉敢死。林旭素佻达，先逮捕一夕，知有变，哭于教士李佳白之堂。杨锐者，颇圆滑知利害，既入军机，知其事不可久，时张之洞子为其父祝寿京师，门生故吏皆往拜，锐举酒不能饮，徐语人曰："今上与太后不协，变法事大，祸且不测，吾属处枢要，死无日矣。"吾尝问其人曰："锐之任此，固为富贵而已，既睹危机，复不能去，何也？"其人答曰："康党任事时，天下望之如登天，仕宦者争欲馈遗或不可得。锐新与政事，馈献者踵相接，今日一袍料，明日一马褂料，今日一狐桶，明日一草上霜桶，是以恋之不能去也。”呜呼！使林旭、杨锐辈，皆赤心变法无他志，颐和之围，或亦有人尽力。徒以萦情利禄，贪箸赠馈，使人深知其隐，彼既非为国事，则谁肯为之效死者？戊戌之变，戊戌党人之不道德致之也！庚子保皇之役，康有为以其事属唐才常，才常素不习外交，有为之徒龙泽厚为示道地。其后才常权日盛，凡事不使泽厚知，又日狎妓饮燕不已，泽厚愤发，争之不可得，乃导文廷式至武昌发其事。才常死，其军需在上海，共事者窃之以走。是故庚子之变，庚子党人之不道德致之也！彼二事者，比于革命，其易数倍，以道德腐败之故，犹不可久，况其难于此者。积芦灰以塞鸿水，断鳌足以立四极，非弘毅负重之士，孰能与于此乎？

或曰：彼二党之无道德者，以其没于利禄、耽于妻子也。今革命者则异是，大抵年少，不为禄仕，又流宕无室家。人亦有言，人不婚宦，情欲失半，则道德或可以少进乎！若然，吾将大计国人之职业，而第论之。

孟轲云：矢人惟恐不伤人，函人惟恐伤人。巫匠亦然，故术不可不慎。今之道德，大率从于职业而变。都计其业，则有十六种人：一曰农人，二曰工人，三曰裨贩，四曰坐贾，五曰学究，六曰艺士，七曰通人，八曰行伍，九曰胥徒，十曰幕客，十一曰职商，十二曰京朝官，十三曰方面官，十四曰军官，十五曰差除官，十六曰雇译人。其职业凡十六等，其道德之第次亦十六等，虽非讲如画一，然可以得其概略矣。

农人于道德为最高，其人劳身苦形，终岁勤动，田园场圃之所入，足以自养，故不必为盗贼，亦不知天下有营求诈幻事也。平居之遇官长，虽甚谨畏，适有贪残之吏，头会箕敛，诛求无度，则亦起而为变，及其就死，亦甘之如饴矣。

工人稍知诈伪，楛窳之器，绵薄之材，有时以欺市人，然其强毅不屈，亦与农人无异。

裨贩者，有二种：共有荷箦戴盆，求鬻于市者，则往往与农工相类。若夫千里求珍，牵车载牛，终日辎重不离身，其人涉历既多，所至悉其民情谣俗，山谷陵阪之间，有戒心于暴客，则亦习拳勇、知击刺，其高者乃往往有游侠之风，恤贫好施，金钱飞洒，然诪张为幻之事，亦稍以益多矣。

坐贾者，倚市廛，居奇货，其朴质不逮农工，其豁达不逮裨贩。以啬为宝，以得为期，然不敢恣为奸利，懋迁有无，必济以信。其有作伪罔利者，取济一时，久亦无以自立，此则贾人自然之法式也。

学究者，其文义中律令，其言语成条贯，坚守其所诵习者，而不通于他书。贫无所赖，则陶诞突盗之事亦兴，乃有教人作讼，以取温饱，而亦辄与官吏相抗，其他猥鄙，不可历数，然无过取给事畜。迂疏之士，多能乐天，家无斗筲，鸣琴在室，虽学术疏陋，不周世事，而有冲夷自得之风。二者虽有短长，然未至折腰屈膝为他人作狗马也。

艺士者，医方缋画书法雕刻之属，其事非一，此其以术自赡，固无异于工贾。书画雕刻之士，多为食客，而医师或较量贫富，阿谀贵人。然高者往往傲岸自好，虽有艺术，值其情性乖角之际，千金不移，固亦有以自重也。

通人者，所通多种，若朴学、若理学、若文学、若外学，亦时有兼二者。朴学之士多贪，理学之士多诈，文学之士多淫，至外学则并包而有之。所恃既坚，足以动人，亦各因其时尚以取富贵，古之鸿文大儒，邈焉不可得矣。卑谄污漫之事，躬自履之，然犹饰伪自尊，视学术之不己若者，与资望之在其下者，如遇仆隶；高己者则生忌克；同己者则相标榜；利害之不相容，则虽同己者而亦嫉之。若夫笃信好学，志在生民者，略有三数狂狷之材，夫下之至高也。

行伍者，多由家人子弟起而从军，亦多闾里无赖，奸劫剽暴，是其素习。近世征兵，则学究亦稍稍预之，清淳朴质之气既亡，而骄横恣妄之风以起。虽然，其取之也，不以诈而以力；其为患也，不以独而以群。大抵近世军人，与盗贼最相似，而盗贼犹非最无道德者也。

胥徒者，其取以诈不以力矣，其患在独不在群矣。曩者胥史尚习文法知吏事，徒役虽横，犹必假借官符而后得志，收发委员作而猲诈甚于门丁，地方警察兴而拘逮由其自便。舆台草隶，尊为清流；条狼执鞭，厚自扬诩。言必曰团体，议必曰国家，有靦面目，曾不自怍？此其可愤，亦其可笑者也。

幕客者，其才望驾胥徒而上之，其持书求荐，援引当道，浮伪谀佞，则胥徒所无也；其受赇骫法，高下在心，虽有法律而不可治，则有甚于胥徒者也。大略亦分三种：其最下者，厘局之司事，州县之征收，饰小说以干县令，徒欲得哺餟求饱暖，而无乡里讼师强毅不屈之风；其稍高者，则闲习法律，明识款目，或曰刑名，或曰升铨，或曰钱谷，略有执守，而舞弄文法，是所擅场，其卑鄙则不如司事征收之甚；其最高者，所谓传食幕府，治例外之奏议条教者也，世之通人，多优为之，以简傲为谄媚，以蹣弛为捭阖，以察言观色，固结主知，其术弥工，其操弥下，郡邑守令，仰望风采，陟罚臧否，在其一言，商鞅之所必诛，韩非之所必戮，在此曹也。

职商者，非谓援例纳捐，得一虚爵，谓其建设商会，自成团体。或有开矿筑路通航制器，直隶于商部者。自满洲政府贪求无度，尊奖市侩，得其欢心，而商人亦自以为最贵，所至阻挠吏治，掣曳政权。己有欺罔赃私之事，长吏诃问，则直达商部以解之；里巷细民，小与己忤，则嗾使法吏以治之。财力相君，权倾督抚，官吏之贪污妄杀者不问，而得罪商人者必黜；氓庶之作奸犯科者无罚，而有害路矿者必诛。上无代议监督之益，下夺编户齐民之利。或名纺纱织布而铸私钱，或托华族寓居而储铅弹，斯乃所谓大盗不操戈矛者。若夫淫佚烝报，所在有之，则不足论也已。

京朝官者，或出学究，或出艺士，或出通人，而皆离其素朴，胥徒幕友之所为，率尽能之。然其位置最高，得自恣肆，列卿以下，或以气节文章自托，韩愈之博奕饮酒，欧阳修之帷薄不修，又其素所效法者，以为无伤大节也。阁部长官，多自此出，其气益颓，欲以金钱娱老而已。若夫新增诸部，则其人兼与职商同行，又其下劣者也。

方面官者，其行又不逮京朝官。府县诸吏，虐民罔利，其失尚小，督抚监司，则无不以苞苴符券得之，或有交通强国以自引重，投命异族，贰心旧君，而督抚则兼有军官资格。军官者，其杀人不必如方面官之援律例也，军法从事而已；其取利不必如方面官之受贿赂也，无事刻饷，有事劫掠而已。督抚为坏法乱纪之府，提镇为逋逃盗贼之魁。自此以下，则仆役尔。

差除官者，其浮竞污辱，又甚于京朝方面。各省之局所，皆以候补道员莅之，其人率督抚之外嬖也，同卧共起，吮痈舐痔者，是其天职然也。俄而主人更易，新外嬖来，而旧外嬖无所容纳，则往往有劾罢者。昔者天子弄臣，盖有所谓茸技狗官，今乃遍于藩镇，士之无行，于斯极矣。

然其次犹有雇译者，则复为白人之外嬖，非独依倚督抚而已。

故以此十六职业者，第次道德，则自艺士以下，率在道德之域；而通人以上，则多不道德者。九等人表，不足别其名；九品中正，不能尽其实。要之，知识愈进，权位愈申，则离于道德也愈远。今日与艺士、通人居，必不如与学究居之乐也；与学究居，必不如与农工、裨贩、坐贾居之乐也；与丁壮有职业者居，必不如与儿童无职业者居之乐也。呜呼！山林欤？皋壤钦？使我欣欣而乐钦？乐未毕也，哀又继之，哀乐之来，吾不能御，其去弗能止，悲夫！

今之革命党者，于此十六职业，将何所隶属耶？农工、裨贩、坐贾、学究、艺士之伦，虽与其列，而提倡者多在通人，使通人而具道德，提倡之责，舍通人则谁欤？然以成事验之，通人率多无行，而彼六者之有道德，又非简择而取之也，循化顺则不得不尔。浸假农为良农，工为良工，贾为良贾，则道德且不可保；学究、艺士，进而为通人，资藉既成，期于致用，其道德又爽然失矣！此犹专就齐民无位者论之也。

今之革命，非徒弄兵潢池而已，又将借权以便从事，自雇译外，行伍而上，其职八等，置彼周行，森然布列，湛于利禄，牵于豢养，则遂能不失其故乎？往者，士人多以借权为良策，吾尝斥之，以为执守未坚，而沦没于富贵之中，则鲜不毁方瓦合矣。湘军盛时，常有一方仕宦、一方革命者，彼其党援众多，虽事发而不为害，革命不成，仕宦如故，其志既携，则必无专心于大事者。又其军中统领，率以会党渠帅起家，既得凭藉，取悦上心，则不惮残贼同类，以求翎顶，盐枭亦然。故以会党制会党，盐枭制盐枭者，逆胡之长策也。以革命党而借权于彼，彼则亦以是法处之，少者必壮，壮者必老，终为室家妻子所牵，即不得不受其羁縶。权不可借，而己反被借于人，后之噬脐，虽悔何及！故必以不婚不宦期革命党者，必无效之说也。呜呼！层累益高，阽危愈甚，纵情则为奔驹，执德则如朽索，趋利则如坠石，善道则如悬丝，杨朱之哭歧涂，墨子之悲染练，不徒于吾生亲见之也。

如上所说，则道德堕废者，革命不成之原，救之何术，固不可知。虽然，必待由、光、夷、齐而后正之，则如河清之不可俟矣。昔顾宁人以东胡僭乱，神州陆沉，慨然于道德之亡，而著之《日知录》曰：有亡国，有亡天下，亡国与亡天下奚辨？曰易姓改号，谓之亡国；仁义充塞，而至于率兽食人，人将相食，谓之亡天下。昔者稽绍之父康，被杀于晋文王，至武帝时，山涛荐之入仕，绍时屏居私门，欲辞不就，涛谓之曰：天地四时，犹有消息，而况于人乎？一时传诵，以为名言，不知其败义伤教，至于率天下而无父也。自正始以来，大义不明，遍于天下，山涛既为邪说之魁，遂使嵇绍之贤，且犯天下之不韪而不顾。夫邪正之说，不容两立，使谓绍为忠，则必谓王裒为不忠而后可也，何怪其相率臣于刘聪、石勒，观其故主青衣行酒，而不以动其心乎？是故知保天下，然后知保其国。保国者，其君其臣，肉食者谋之；保天下者，匹夫之贱，与有责焉耳矣。案：顾所谓保国者，今当言保一姓；其云保天下者，今当言保国。余深有味其言，匹夫有责之说，今人以为常谈，不悟其所重者，乃在保持道德，而非政治经济之云云。吾以为天地屯蒙之世，求欲居贤善俗，舍宁人之法无由！吾虽凉德，窃比于我职方员外。录其三事，以与同志相切厉，则道德其有瘳乎？

一曰知耻。《五代史·冯道传》论曰：礼义廉耻，国之四维，四维不张，国乃灭亡。善乎管生之能言也！礼义，治人之大法；廉耻，立人之大节。不廉不耻，则祸败乱亡，无所不至。然而四者之中，耻为尤要。故曰：行己有耻。曰：人不可以无耻，无耻之耻，无耻矣。曰：耻之于人大矣，为机变之巧者，无所用耻焉。所以然者，人之不廉而至于悖礼犯义，其原皆生于无耻，故士大夫之无耻，是谓国耻。吾观三代以下，世衰道微，弃礼义，捐廉耻，非一朝一夕之故。然而松柏后凋于岁寒，鸡鸣不已于风雨，彼昏之日，固未尝无独醒之人也。顷读《颜氏家训》，有云：齐朝一士夫尝谓吾曰："我有一儿，年已十七，颇晓书，疏教其鲜卑语及弹琵琶，稍欲通解，以此伏事公卿，无不宠爱。”吾时俯而不答。异哉，此人之教子也！若由此业自致卿相，亦不愿汝曹为之！嗟乎！之推不得已而仕于乱世，犹为此言，尚有《小宛》诗人之意，彼阉然媚于世者，能无愧哉！

二曰重厚。世道下衰，人材不振，王伾之吴语，郑綮之歇后，薛昭纬之浣溪沙，李邦彦之俚语舞曲，莫不登诸岩廊，用为辅弼。至使在下之人，慕其风流，以为通脱，而栋折榱崩，天下将无所庇矣。及乎板荡之后而念老成，播迁之余而思耆俊，庸有及乎？侯景数梁武帝十失，谓皇子吐言止于轻薄，赋咏不出桑中；张说论阎朝隐之文，如丽服靓妆，燕歌赵舞，观者忘疲，若类之风雅，则罪人矣。今之词人，率同此病，淫辞艳曲，传布国门，诱惑后生，伤败风化，宜与非圣之书同类而焚，庶可以正人心术。何晏之粉白不去手，行步顾影；邓飏之行步舒纵，坐立倾倚；谢灵运之每出入，身扶接者常数人，后皆诛死。子曰：君子不重则不威。扬子《法言》曰：言轻则招忧，行轻则招辜，貌轻则招辱，好轻则招淫。

三曰耿介。读屈子《离骚》之篇，乃知尧、舜所以行出乎人者，以其耿介。同乎流俗，合乎污世，则不可与入尧、舜之道矣。非礼勿视，非礼勿听，非礼勿言，非礼勿动，是之谓耿介。反是谓之昌披。夫道若大路然，尧、桀之分，必在乎此。

呜呼！如吾宁人之说，举第一事，则矜欧语者可以戒矣；举第二事，则好修饰者可以戒矣；举第三事，则喜标榜者可以戒矣。必去浮华之习，而后可与偕之大道，敝巾葛拂，缊袍麻鞋，上教修士，下说齐民，值大事之阽危，则能悍然独往，以为生民请命。若于此三者犹未伏除，则必不能忘情于名利，名利之念不忘，而欲其敌忾致果，舍命不渝，又可得乎？

抑吾于宁人所举三事之外，又得一不可缺者曰必信。信者，向之所谓重然诺也。昔人以信为民宝，虽孔氏之权谲，而犹曰无信不立。又曰：人而无信，不知其可。余以为知耻、重厚、耿介三者，皆束身自好之谓；而信复周于世用，虽萑苻聚劫之徒，所以得人死力者，亦惟有信而已。今之习俗，以巧诈为贤能，以贞廉为迂拙，虽歃血涖盟，犹无所益。是故每立一会，每建一事，未闻其有始卒。其或稍畏清议，而欲食其前言，则曰吾之所为，乃有大于此者。知祸患之将至，则藉口于远求学术，容身而去矣。见异己之必胜，则遁辞于大度包容，委事而逸矣。言必信，行必果，久要不忘平生之言，贯四时而不改柯易叶者，盖有之矣，我未之见也。必欲正之，则当立一条例。今有人踵门而告曰："尔其为我杀人掘冢。"应曰："诺。"杀人掘冢，至恶德也，后虽悔之，而无解于前之已诺，则宁犯杀人掘冢之恶德，而必不可失信，以信之为德，足以庚偿杀人掘冢之恶而有余也。夫尾生与女子期于梁下，女子不来，水至不去。商鞅与秦民约，能徙木者，与之十金，民果徙木，鞅亦竟以十金与之。昔人以为长德善政，今人为之，则必讥其无谓。然欲建立信德，必自此始。若其校量大小，比絜长短，而曰某事当信，某事不当信，则虽处当信之事，而亦必无践言之实矣。

举此四者，一曰知耻、二曰重厚、三曰耿介、四曰必信，若能则而行之，率履不越，则所谓确固坚厉、重然诺、轻死生者，于是乎在。呜呼！端居读书之日，未更世事，每观管子所谓四维，孔氏所谓无信不立者，固以是为席上之腐谈尔！经涉人事，忧患渐多，目之所睹，耳之所闻，坏植散群，四海皆是。追怀往诰，惕然在心。为是倾写肝鬲，以贻吾党。若曰是尚可行，则请与二三君子守此迂介。幸而时济，庶几比于铅刀一割；不幸不济，根本既立，虽死不僵，后人必有能继吾志者。雪中原之涂炭，光先人之令闻，寄奴、元璋之绩，知其不远。若曰迂儒鄙生，以此相耀，不足以定胜负之数也，则分崩之祸，不出数岁，将使七十二代之遗民，终于左衽，吾亦惟被羊裘以游大泽矣。反是不思，亦已焉哉！

《民报》第8号，1906年10月

《民报》一周年纪念会演说辞（1906）

今日是《民报》纪元节大会，目下言论渐已成熟，以后是实行的时代。但今日实行上有一种魔障，不可不破。因以前的革命，俗称强盗结义；现在的革命，俗称秀才造反。强盗有力量，秀才没有力量。强盗仰攀不上官府，秀才仰攀的上官府，所以强盗起事，没有依赖督抚的心，秀才就有依赖督抚的心。前此数年，遍地是借权的话。直到如今，讲革命的，也想借到督抚的权，好谋大事，这真胡涂得很。颇有人说：学界中人，不如会党；会党中人，不如强盗。依兄弟看来，知识高下，且不必说。但强盗从没有靠官造反的心，会党略有数分，学界中人，更加数倍。论他志气的下劣，与自信力的薄弱，较之会党、强盗，不免有些惭愧（大拍掌）。只是思量办事的人，没有不舍难取易的，他看自己革命，不如借用督抚略为容易，不知不觉，这下劣的思想，就随地涌现出来。殊不知志气果好，便万分险阻艰难的事，也办得去。若依赖督抚，倒比自己革命更难百倍（大拍掌）。这是什么原由？

第一，督抚引用学生，不过充当文案，预备顾问，就有练陆军办警察的，总不能自成一部，原象从前的督标中军一样，也不能得他的亲信。若善于谄媚的呢，还可以侥幸得几分；假如才气略长些，议论略多些，风骨略高些，就永远不能得志。若要得志，除是想几件压制革命党的政策，或杀戮几个革命党人，方得有小小权柄到手，这还靠得住么？（大拍掌）

第二，今日的督抚，富贵尊荣，与皇帝相差无几，难道放著平坦大路不走，反去革命，自寻荆棘？从来藩镇不是逼到没路的时候，断不轻易造反。远大且不必说，就看近来吴三桂，本要想步武石敬瑭的后尘，做一个干儿皇帝，但不到撤藩的时候，吴三桂尚不敢举兵作难，因吴三桂自己有这心肠，将士却不肯应，故只得迟迟不发。后来有撤藩的事，此时平西王也去，将也去，兵也去，滇藩一部的人，没一个不失了饭碗，才能够激成大举。请看今日的督抚，权力比得吴三桂吗？就象袁世凯，是最有兵权的，满洲政府也不敢轻易动他。就动了他一人，北洋将校仍是依然无恙。一人愿革命，人人都不愿革命，这是万不得成的。（大拍掌）

第三，那老耄昏聩的督抚，往往有几个儿孙出洋留学，与学生通同一气，学生见他可用，就推心置腹，奉承个不了。这一班纨绔子弟，也趁他祖父老耄昏聩，卖差卖缺，无所不为，一面又与学生同谋举义。试想此辈胸中，究竟所思何事？起得事来，他的权力，岂肯轻轻送你？奉这蝇营狗苟的顽童，作为革命首领，还成个世界吗？（大拍掌）

因此三事，所以督抚革命，万无可望。再说向上一层，假如督抚革命，果然成事，虽则种族问题可以解决，那政治改良的事，仍是不成。且看从古革命历史，凡从草茅崛起的，所用都是朴实勤廉的人士，就把前代弊政一扫而尽；若是强藩内侵，权臣受禅，政治总与前朝一样，全无改革。因为帝王虽换，官吏依然不换，前代腐败贪污的风俗，流传下来，再也不能打扫（拍掌大喝采）。象现在官场情景是微虫霉菌，到处流毒，不是平民革命，怎么辟得这些瘴气（拍掌大喝采）。若把此事望之督抚，真是其愚不可及了（拍掌大喝采）。目下满洲政府，正有中央集权的意思，要把财政兵政，都归几个满员掌握，外省督抚不过留个空名，有几个识见不到的人，都说此事若行，革命愈难措手。若依兄弟看来，正是相反。以前满洲将士，曾打准噶尔、回部、青海等处，每战必胜。到得川楚教匪起来，满洲兵就不能抵敌，全是杨芳、杨遇春等为虎作伥，方得制教匪的死命。太平王起来时候，赛尚阿、乌兰泰辈，没一个不一败涂地，终竟靠着几个湖南督抚，就地捐厘，兼办团练，才能够打破洪氏。照这样看，督抚无权，革命军正是大利，有甚么不好呢？（大拍掌）从今以后，我汉人兄弟，请把依赖督抚的一念，早早打消。但想当兵，不要想当奸细；但想做将士，不要想做参谋。这革命大事，不怕不成；中华民国，不怕不立。何必怀着那下劣心思，为会党、强盗所笑呢？（拍掌大喝采）

《民报》第10号，1906年12月

中华民国解（1907）

中国之名，别于四裔而为言。印度亦称摩伽陀为中国，日本亦称山阳为中国，此本非汉土所独有者。就汉土言汉土，则中国之名以先汉郡县为界。然印度、日本之言中国者，举土中以对边郡；汉土之言中国者，举领域以对异邦，此其名实相殊之处。诸华之名，因其民族初至之地而为言。世言昆仑为华国者，特以他事比拟得之。中国前皇曾都昆仑以否，史无明征，不足引以为质。然神灵之胄自西方来，以雍梁二州为根本。宓牺生成纪，神农产姜水，黄帝宅桥山，是皆雍州之地。高阳起于若水，高辛起于江水，舜居西城，据《世本》，西城为汉汉中郡属县。故公孙尼、子言舜牧羊于汉阳。据《地理志》，汉中郡褒中县有汉阳乡。禹生石纽，是皆梁州之地。观其帝王所产，而知民族奥区，斯为根极。雍州之地东南至于华阴而止，梁州之地东北至于华阳而止，就华山以定限，名其国土曰华，则缘起如是也。其后人迹所至，遍及九州。

至于秦汉，则朝鲜、越南皆为华民耕稼之乡，华之名于是始广。华本国名，非种族之号，然今世已为通语。世称山东人为侉子者，侉即华之遗言矣。正言种族，宜就夏称。《说文》云：“夏，中国人也。”“蛮夷猾夏”，《帝典》已有其文，知不起于夏后之世。或言远因大夏，此亦与昆仑华国同类。质以史书，夏之为名，实因夏水而得，是水或谓之夏，或谓之汉，或谓之漾，或谓之沔，凡皆小别互名，本出武都，至汉中而始盛，地在雍梁之际。因水以为族名，犹生姬水者之氏姬，生姜水者之氏姜也。夏本族名，非邦国之号，是故得言诸夏。其后因族命地而关东亦以东夏著。下逮刘季，抚有九共，与匈奴、西域相却倚，声教远暨，复受汉族之称。此虽近起一王，不为典要。然汉家建国，自受封汉中始，于夏水则为同地，于华阳则为同州，用为通称，适与本名符会。

是故华云、夏云、汉云，随举一名，互摄三义。建汉名以为族，而邦国之义斯在。建华名以为国，而种族之义亦在。此中华民国之所以谥。今有为金铁主义说者曰：中国云者，以中外别地域之远近也。中华云者，以华夷别文化之高下也。即此以言，则中华之名词，不仅非一地域之国名，亦且非一血统之种名，乃为一文化之族名。故《春秋》之义，无论同姓之鲁、卫，异姓之齐、宋，非种之楚、越，中国可以退为夷狄，夷狄可以进为中国，专以礼教为标准，而无有亲疏之别。其后经数千年，混杂数千百人种，而其称中华如故。以此推之，华之所以为华，以文化言，可决知也。

故欲知中华民族为何等民族，则于其民族命名之顷而已含定义于其中。以西人学说拟之，实采合于文化说，而背于血统说。华为花之原字，以花为名，其以之形容文化之美，而非以之状态血统之奇，此可于假借会意而得之者也。为是说者盖有三惑。

一曰未明于托名标识之事，而强以字义皮傅为言。夫华本华山，居近华山而固有华之称。后代华称既广，忘其语原，望文生训，以为华美，以为文明，虽无不可，然非其第一义，亦犹夏之训大，皆后起之说耳。且如印度人种，旧称为阿黎耶，今人推究其始，则为农夫，而其后或言贵人，或言圣者，此实晚出之义，乃种人所以自矜尚也。就以有义言之，中国向日称民为黎民，至秦则曰黔首。黎云、黔云，皆谓其黑发也。然不得以一切黑发者尽指为同族。纵令华有文化之义，岂得曰凡有文化者尽为中国人乎？必如所说，则凡有农夫，皆得为印度人；凡有贵人、圣者，亦皆得为印度人，安得此渎乱汗漫之言也？今夫蛮夷戎狄，固中国所以表别殊方者。其始划种为言，语不相滥。久之而旃裘引弓之国，皆得被以斯名。胡本东胡，久之而称匈奴者亦谓之胡，久之而称西域者亦谓之胡。番本吐番，久之而称回部者亦曰西番，久之而称台湾之野人者亦曰生番。名既滥矣，而不得谓同称者即为同国同族，况华之名犹未同也。特以同有文化，遂可混成为一，何其奢阔而远于事情耶？

二曰援引《春秋》以诬史义，是说所因，起于刘逢禄辈，世仕满洲，有拥戴虏酋之志，而张大公羊以陈符命，尚非公羊之旧说也。案中国自汉以上，视蛮闽貉狄诸族不比于人，故夷狄无称人之例。《春秋》尝书邢人、狄人伐卫，齐人、狄人盟于邢。公羊不言其义。夫引异类以剪同族，盖《春秋》所深诛。狄不可人而邢人、齐人人之，则是邢人、齐人自侪于狄也。非进狄人，实以黜邢人、齐人。老子有言，正言若反。观于《春秋》书狄为人，其言有隐，其声有哀，所谓志而晦哉！若夫潞子婴儿，赤狄犬种，晋与为婚，既非匹偶，及遭虐杀，兴师复仇，书潞子者非谓夷狄有君，亦正所以贱晋，与书狄人者同科。而公羊谓潞子为善，斯言之不从矣。其有贬黜诸华同于夷狄者，则《春秋》书晋伐鲜虞是。何氏《解诂》曰：谓之晋者，中国以无义故为夷狄所强。今楚行诈灭陈、蔡，诸夏惧，然去而与晋会于屈银，不因以大绥诸侯，先之以博爱，而先伐同姓，从亲亲起，欲以立威行霸，故狄之。是所以狄晋者，正以其自戕同气，委陈、蔡于夷而不顾耳。夫弃亲昵而媚诸夷，又从而则效之，则宜为人心所深嫉。令人恶范文程、洪承畴、李光地、曾国藩辈，或更甚于满洲，虽《春秋》亦岂有异是。若专以礼教为标准者，人之无道至乎弑父烝母而极矣，何《春秋》之书此者亦未尝贱之如狄也？至于吴楚封域不出荆扬，固禹贡九州之地。熊绎、周章，受封命族，岂与赤狄山戎同例？特其地杂有诸蛮，而吴楚渐其污俗，又以不修职贡，自外宗周，故为《春秋》所贬。召陵征而苞茅入，黄池盟而命主从，则进之同于齐、晋，以其本非夷狄，故向日自外则退之，今日自内则进之，是犹越巂益州，汉世久设郡县，及唐末南诏畔援，声教壅隔，宋世王灵不远，不得已而弃云南，至明复隶版籍，岂得曰云南本夷狄，至明始进于中国耶？夫子本楚之良家，而云楚为非种，以忧劳主父，效忠穹庐，故遂不惮污辱其乡人。虑大义灭亲之泰过也。盖《春秋》有贬诸夏以同夷狄者，未有进夷狄以同诸夏者。杞用夷礼，则示贬爵之文。若如斯义，满洲岂有可进之律。正使首冠翎顶、爵号巴图鲁者，当退黜与夷狄等耳。

三曰弃表谱实录之书，而以意为衡量。如彼谓混淆殊族至千百种，历久而称中华如故是也。夫言一种族者，虽非铢两衡校于血统之间，而必以多数之同一血统者为主体。何者文化相同自同一血统而起，于此复有殊族之民受我抚治，乃得转移而翕受之；若两血统立于对峙之地者，虽欲同化莫由。中国魏晋以来异族和会者数矣。稽之谱谍，则代北金元之姓，视汉姓不及百一。今试于通都广市之间，四方所走集者一一询其氏族，旧姓多耶，抑吊诡殊恒之姓多耶？其间固有私自改变与朝廷赐姓者。征之唐宋人姓氏书中，其数犹最微末。夫岂徒保中华民族之空模，而以他人子弟充其阙者。或曰：若如是，则满洲人亦居少数而已，稍相同化于我矣，奚不可与同中国？为答曰：所以容异族之同化者，以其主权在我，而足以翕受彼也。满洲之同化，非以受我抚治而得之，乃以陵轹颠覆我而得之。二者之不可相比，犹婚媾与寇之例。以婚媾之道而归女于吾族，彼女则固与吾族同化矣。以寇之道而据我寝宫，入我床笫，亦未尝不可与我同化，然其为怨为亲，断可识也。吾向者固云所为排满洲者，亦曰覆我国家，攘我主权之故。若其克敌致果，而满洲之汗大去宛平以适黄龙之府，则因当与日本、暹罗同，视种人顺化归，斯受之而已矣。然主权未复，即不得举是为例。人有病而啜粥者，于吐下之后可也。未吐下时而先啜粥，非直滋病，亦欧恶不能下哙咽。先后之序，其术其心皆如是矣。说者茫昧，私臆吾辈非以民族主义为主义，乃以民族主义为手段，是犹见未吐下而屏粥者曰：是徒惧其滋病耳，不知本自欧恶，未尝欲一箸一匕之入咽也。夫不知中华之名义，斯所以有三惑也。

中国以先汉郡县为界，而其民谓之华民。若专以先汉郡县为界者，则蒙古、回部、西藏之域不隶职方，其经营诚宜稍后。若夫乐浪、玄菟，即朝鲜之地。交趾、日南、九真，奄越南而有之。至于林邑，则柬埔寨是也。以民族言，二国起居衣食多与禹甸同风。言语虽殊，而文字诵读能中其音，异于日本之隔阂者。血统则朝鲜稍杂，而越南皆吾冠带之民，间有蛮人时相错杂，则与琼雷一例。是二国者，非独力征经营，光复旧土为吾侪当尽之职，观其受制异国，举止掣曳，扶衰禁暴，非人道所宜然乎。朝鲜设郡，止于汉魏。越南则上起秦皇，下逮五季，皆隶地官之版，中间阔绝，明时又尝置行省矣。今二国之陵籍于异域则同，而政术仁暴稍异，故经营当有后先。其次则有缅甸。缅甸非先汉旧疆，特明代众建土司隶于云南承宣之部。土民习俗虽异诸华，而汉人徙居者众，与干崖盏达为邻类。然既未设流官，宜居朝鲜之次，外人之遇缅甸犹视越南为宽，则振救无嫌于缓。西藏回部，明时徒有册封，其在先汉，三十六国虽隶都护，比于附庸，而非属土。今之回部又与三十六国有殊。蒙古则自古未尝宾服。量三荒服之后先，则西藏以宗教相同犹为密迩，回部、蒙古直无一与汉族相通。

故以中华民国之经界言之，越南、朝鲜二郡必当恢复者也；缅甸一司则稍次也；西藏、回部、蒙古三荒服则任其去来也。然而事有难易，得以曲成，不得以径行，举措之宜，或与誓愿相左。今者，中华民国虑未能复先汉之旧疆，要以明时直省为根本。除缅甸。越南、朝鲜其恢复则不易。惟缅甸亦非可以旦夕致者。三荒服虽非故土，既不他属，循势导之，犹易于二郡一司。其同化则互有难易。若计言语文字者，则新疆既多汉族，而回民聪颖胜于蒙古，其教易入。蒙古虽颛愚，以汉人数往贸易，亦渐能效其音声。独西藏为僻左，又向习波黎文字，既有文明之学，不受他熏，则汉语或相扞格。故语言文字之化当尽力者莫西藏若也。若计居食职业者，回部耕稼与汉俗不甚差违，宫室而居，外有城郭。西藏山谷阻深，虽欲游牧，其势不能广衍，故任地力者亦多，特其土地硗确，栽种独宜青稞，上者止于牟麦，而粳稻不适于土宜，木城虽陋，犹愈于支幕者。至于蒙古，戈壁蔓延，虽平地亦多沙漠，天若纵之使事游牧，即不得不张幕而处。其王与台吉辈虽有寝室，而不可遍及烝民。故居食职业之化当尽力者莫蒙古若也。若计法律符令者，西藏虽听于神权，清政府亦多遣满员辅其吏治，今仍可以汉官治之。蒙古自有酋长，其律亦与中土大殊，然如塞外归化诸城，凡诸狱讼以同知司裁判，诸台吉环坐其旁，应对唯谨，稍不称意，以手抵案而叱之，然则汉官任治，非不可行于内外诸盟。独回部以无罪而亡，满洲遇之酷虐，非若蒙古之为肺腑，藏教之被尊崇。今虽暂置行省，犹岁勒回民以供诸王之役使，满洲视回部若草芥，而回部亦深惎满人，迁怒贻憎及于汉族吏治，稍有不适则噪变随之。故法律符令之化当尽力者莫回部若也。今欲使之同化，惟设官兴学，专意农工而法律暂因其故。必期以二十年然后可与内地等视。

吾向者有言曰，浸假言语风俗渐能通变而以其族醇化于我，吾之视之必非美国之视黑民。若今有人就吾之说而诘之曰，使其不然，则见今之未醇化于我者，吾视之将不得不如黑民，以待黑民者待蒙、回、藏人，即为民族主义而不得已之政策也。夫曰醇化以后则不与美国之视黑民等者，谓其得预选举见之行事，不以空言相欺耳。非曰其未醇化以前，则特定区划逾之者，斩杀唯命也。未醇化以前，固无得预选举之事。彼为金铁主义说者曰，蒙、回、藏人有选举权与被选举权者，必以通中国语为惟一条件。夫能通中国语者，则已稍稍醇化矣，然于中国社会之形态能知其一二耶？情伪不知，利病不审，坐而论道则勿能，纵令随众予夺，亦与投钩何异。且所为建设代议士者，非独为人民平等计。询于刍荛，固欲其言之有益于治耳。若言之而不能中要领，与不言同，则选举固可废矣。故专以言语同化者，必不足以参通国之政也。必不得已，惟令三荒服各置议士，其与选者惟涉于彼部之事则言之，而通国大政所不与闻，则差无弊害耳。

非独此也。满人于中国语言文字既同化矣，而职业犹不。三荒服若回部、西藏犹有耕稼，蒙古犹有游牧。满人则于此亦未服习，斯所谓惰民者。贵人惟逐倡优歌二簧弹琵琶以终日月。驻防之军日提雀笼嬉游街市，寒则拥裘而出，两臂结胸腹间持熏炉以取暖，行过饼家见有美食则张口而啖食之，不以指取。此人人所共睹者。彼其呰窳偷生，不知民业，又三荒服之不若。世人或以满人文化视三荒服为最高，徒就此方见有法政陆军之学生而言之耳。此虽成就亦只入官从军之技，其不知民事自若也。且人非生居闾里，日睹米盐琐屑之情，则虽专精法政而入官犹无所效。近世为长吏者，都邑之士必不如村落之儒，经世之通材必不如田家之讼棍，岂非讲习虚言不如亲睹实事之为愈欤？昔满洲伪高宗欲尽去天下州县，悉补以笔帖式。刘统勋曰：州县治百姓者也，当以曾为百姓者为之。然则代议士者为百姓代表者也，可弗以曾为百姓者充之乎？议士之用，本在负担赋税，不知稼穑之艰难，闾阎之贫富，商贵之赢绌，货居之滞流，而贸焉以议税率，未知其可。今彼满人，于百姓当家之业所谓农工商贾者，岂尝知其豪牦，而云可为议士，何其骛虚言而忘实事也。且近世为僧侣者，即不得充代议士，彼僧侣者岂绝无学术耶？正以寺产所资，足以饱食与农工商贾之事相隔故也。然以欧美之僧侣，比满洲之法政陆军学生，则明习民情与否，又相县矣。满洲者，勿论学生、马甲，其为惰民一也。已不事生产而评论人之生产，已不纳租税而议佗人之租税，于权利则不当有，于事实则无所知，彼满人而欲有代议士之资格邪，宜俟革命以后，尽裁甲米，退就农耕，乃始为与汉人同化，然后得与中国之政治耳。

金铁主义论者一与仅知语言之满洲人，再与仅知语言之三荒服人，夸言平等而忘利害中失之端，其症结非难破也。在昔汉唐末明之世，初任文吏，后进儒生，人材迁通，虽非同揆，要其讲求吏治，哀念民生，先后一也。是故当其末造，朝政不纲，而吏治犹清于下，未有若满洲之汗漫者。满洲初载任用族姓，柄政者皆介胄武夫，非独刀笔文法有所不晓，民生百事尚未能举其名号也。世传伪高宗南巡时，见田间有稻秧，问言何草。然此非独一人而已。民间事业，隔阂可知。又其素性贪饕，以苞苴为应有，惭德在躬，即无以廉问群吏，是故吏治得失本非其所措心，而汉官亦承其风旨，曹司则不知法律，府县则不接吏民，循吏之传半录虚文，于成龙、余甸之徒前世所恒有者，于斯乃为麟角。其夸言经世者，则曰瞻言百里方略何如而已，盖所举不出攻略聚敛二端，而游说横议之风以起。远猷辰告，而不能治一水门。长驾远驭，而不能捕一劫盗。经画国常，而不能理一凶政。高张筹策，而不能平一租庸。率天下而为魏了翁、马廷鸾、真德秀、丘浚之徒。手把“三通”，躬述“衍义”，犹不如田千秋之不学无术足以富民。何者，退野人而进华士也。至于近世，则墨吏盈朝，贪污载路，绳以法律，以屋可诛。一介清廉之长官且不可得，况复为民兴利哉！夫讲求吏治，至纤至悉，又必履行经验而后得之，非摇唇鼓舌大言自肆者所能为。至言立宪则不然，剿袭讲义，粗涉政书，言之至易，而比于讲求吏治者为名高。金铁主义论者盖闻其风而兴起矣。

彼见满洲政府近时所注意者，无过聚财讲武二端，而于吏治得失，民生隐曲，曾不一语及之，以为由今之道，无变今之俗，但使国会成立，笼罩群生，则中国已足以治，诚如是，则彼所谓宪政者，金云铁云而已。其去汉唐盛时专制之政，何其远耶！盖曩者包世臣、汪辉祖辈所见虽近，而吏治民生言之至悉。金铁主义论者则并此亦不知也。近者，梁启超辈日扇虚言，犹知吏治点污不可姑息，欲求立宪，必先之以开明专制。金铁主义论者则并此亦不知也。不言吏治得失，则行媚可及于臧吏。不计民生隐曲，故选举可及于惰民。彼且谓今之满人可充议士，何论三荒服人犹有职业者邪！

吾所见者，则与此异。方其未醇化时，宜分部为三，各设一总督府。中华民国建后，各省督抚当废，惟存布政使为长官，总督即专为荒服设也。而其下编置政官，其民亦各举其贤良长者以待于总督府，而议其部之法律财用征令，以授庶官而施行之。兴其农业，劝其艺事，教其语言，谕其书名，期二十年而其民可举于中央议院。若是则不失平等，亦无不知国事而妄厕议政之位者。庙谟人道，两无所亏，则亦可以已矣。若谓汉土面积小于三荒，兴亡绝续之交，必将奋而自主，非用兵力则不足以致之者。不悟三荒相合诚较汉土为宽，分部计方，则回部、西藏二者各当汉土三分之一，惟蒙古乃略相等。虽然，蒙古之众，建诸侯久矣。非内部有枭雄，先以武力蚕食诸邻如噶尔丹所为者，则必不足以自恣。西藏自元灭吐蕃以后建立法王。明之代元，清之代明，西藏皆率土来宾，不烦一旅。彼满洲者或以崇信黄教，得其欢心，如明太祖曷尝以此为市耶？必以宗教为欢，则中国亦有文成公主，西藏尊之以为神母，号曰多逻伊伽，此亦可援以为质者。蒙古自万历以后，渐胡土克图之化，则杀掠之心已衰。西藏不绝，蒙古亦易驯耳。若谓英、俄二憝，狼子野心，乘隙窥边，诱以他属，此虽满洲政府不亡，其势犹不可禁，何独革命之世然也。且方今社会革命之声遍布欧土，而印度亦有谋光复者，人亦有言虎啸而谷风应，一朝云合，势如燎原，彼何暇肆侮于二方哉！独回部民气剽悍，易于集合。满洲遇回人既惨酷无人理，其再征者为左宗棠之湘军，彼则亦以虺蛇视汉族。三荒之中，独此觖望，念烝民之同柢，岂彼回部当为戮民？幸而解怨则可以宁辑矣。不然，彼实有国，吾岂可以劫夺得之？向者有云，回部诸酋以其恨于满洲者刺骨而修怨及于汉人，奋欲自离以复突厥花门之迹，犹当降心以听，以为视我之于满洲，而回部之于我可知也。

金铁主义论者有忧之，则曰此内部瓜分之计也。内部既瓜分，使中国以外若无各列强之环伺，则汉人以一民族组织一国家，平等自由，相与为乐，虽曰主义狭隘，然以自私为乐，亦未尝非一义也。无如保全领土之说，方为各强国中一派之所主张，而一派反对之。反对之者，俄为其首。俄固日日欲攫蒙回之地以入其囊中也。今见中国各族分离，而蒙回之程度又不足以自立一国，岂有不入蒙回之地以占领之乎？俄既入蒙回，英必入藏，法必入滇粤，而汉人之土地亦将不保，直以内部瓜分之原因，而得外部瓜分之结果矣。夫保全领土于欧人则何利？必其可取直取而代之耳。安用是煦煦孑孑者为耶？诚知地大物博，非须臾所能摭拾，四分五裂之余，兵连不解，则军实匮而内乱生，其言保全，非为人道亦所以自完耳。不然庚子联军之役，四方和会，师出有名，而虏酋亦已播迁关右，不以此时瓜分中国，乃待日本胜俄之后乎？且使革命不成，则满洲政府固在，而回部无以自离，固无瓜分之道。革命果成，取此深根宁极之政府而覆灭之，其兵力必非犹人而已，纵不足以抵抗欧人，然其朝气方新，威声远播。彼欧人之觇国也，常先名而后实，自非吹而可僵者。亦未至轻召寇仇为劳师费财之举而回部之脱离也，吾岂与之砉然分诀耶？彼其人材稀疏，政治未备，事事将求助于汉人，视为同盟，互相犄角，则足以断俄人之右臂明矣。虽然此直为回人自立计也。若其深明祸福，辨别薰莸，知往日之兴兵构怨出于满人，而汉族非为权首，又以地处偏隅，虽苟足设险自完，无由进于开明之域。如是则求与汉人同化之不暇而何自离之云。

要之，事有奇恒，涂有险易，则不得不虑及于是耳。若三荒服而去其一，余二者固未必自离；若三荒服而一切同化于吾，则民族主义所行益广。自兹以后，二郡一司反乎可覆，则先汉之疆域始完，而中华民国于是真为成立。吾观滇中人士，多发愤于越南缅甸之亡，曾欷累息恒思收复以为愉快，自余则未有系念者。中华民国之义孰深知之，其惟金马之神、碧鸡之灵哉！

《民报》第15号，1907年7月

五无论（1907）

今之人不敢为遁天之民，随顺有边，则不得不有国家，亦不得不有政府。国家与政府，其界域固狭隘，故推其原以得民族主义，其界域亦狭隘。以民族主义为狭隘而不适于国家者，斯谓有法，自相相违，不成比量。如三支法，彼先立一量云：民族主义是狭隘见，于无界中强分界故。喻如宗法思想，此亦可立一量云：国家主义是狭隘见，于无界中强分界故。喻如村落思想，两因两后陈皆同，则前者所以破敌，亦即所以自破。若作三段法亦得。夫于恒沙世界之中而有地球，无过太仓之有稊米。今于其间分割疆域，葆为己有，而命之曰国家；复于其间建设机关，区分等级，而命之曰政府。则蛮氏触氏之争，不足喻也。其所守本狭隘，惟相应于狭隘之民族主义而为之。诚欲广大，固不当分种族，亦宁得分国家。民族主义随感情而有，国家主义宁非随感情而有。

以彼为固葆此者欲何为耶？嗟乎！莽瀁平原，入其域而视之，始见土地，次见人民，乌睹所谓国家者？国家者，如机关木人，有作用而无自性。如蛇毛马角，有名言而非实存。究其成此虚幻妄想者，非民族之为而谁为乎？易族既非所争，卖国亦应无责，而劳心以控抟此国家何为者？将其藉兹遣日，如毁瓦画墁者所为耶？若曰国家者所以利一群，则与利一族也何异？同此芥子牛迹之微，而二者何以相难？是故随顺有边，既执着国家矣，则亦不得不执着民族主义。

然而其中有广大者。吾曹所执，非封于汉族而已。其他之弱民族，有被征服于他之强民族，而盗窃其政柄，奴虏其人民者，苟有余力，必当一匡而恢复之。呜呼！印度、缅甸灭于英，越南灭于法，辩慧慈良之种，埽地尽矣！故吾族也，则当返；非吾族也，孰有圣哲旧邦而忍使其遗民陷为台隶？欲圆满民族主义者，则当推我赤心救彼同病，令得处于完全独立之地。有效巨憝麦坚尼之术，假为援手，藉以开疆者，著之法律，有诛无赦。然则爱无差等，施由亲始，墨者之道然也。

若夫民族必有国家，国家必有政府，而共和政体于祸害为差轻，固不得已而取之矣。爵位废而兼并行，其乱政又无以异于美利坚氏。于是当置四法以节制之：一曰，均配土田，使耕者不为佃奴；二曰，官立工场，使佣人得分赢利；三曰，限制相续，使富厚不传子孙；四曰，公散议员，凡议员有贪污事，平民得解散之。议院本由民间选举，自当还付民间解散。然诸政法得失，问罪于政府可也。至于议员受贿，则罪有专属矣。使政党不敢纳贿。斯四者行，则豪民庶几日微，而编户齐人得以平等，亦不得已而取之矣。

无是四者，勿论君民立宪，皆不如专制之为愈。所以者何？议院者，受贿之奸府；富民者，盗国之渠魁。专制之国无议院，无议院则富人贫人相等夷。及设议院，而选充议士者，大抵出于豪家。名为代表人民，其实依附政党，与官吏相朋比，挟持门户之见，则所计不在民生利病，惟便于私党之为。故议院者，国家所以诱惑愚民，而钳制其口者也。且议士既出于豪家，则与捐纳得官无异，其志固为利而已。官吏受贿，议院得弹劾而去之；议院受贿，谁弹劾而去之？一议士受贿，他议士得弹劾而去之；尽议院皆受贿，谁弹劾而去之？近观日本郡制废止一案，议院得赃，明见踪迹者七人，而其他三百余员皆有隐昧受赇之事。见《黑龙杂志》。日本立国，非专以重商拜金为务。且议院之设，才二十年，其腐败已如是。然则有议院而无平民鞭棰于后，得实行其解散废黜之权，则设议院者，不过分官吏之赃以与豪民而已。返观专制之国，犹无斯紊乱也。案：世人常语，谓多一监察者，即多一受贿者。今议院所以监督官吏，乃适便其受贿之私，斯言犹信。专制之国，商人无明与国家分权之事，及异于专制者则不然。

夫钱刀金币，实使民扰攘之阶。然黄金、白金、赤金三品，视之有光，击之有声，取之甚艰，藏之不朽，其质性诚有可宝者。因其可宝而以为币，犹民之公心也。及夫径寸赫蹄，与故纸初非有异，而足以当百金，则政府所以愚弄其民者至矣。犹不知止，使牙侩设银行者，得公为之，而常民顾不得造。是则牙侩之权，得与政府相等，其与齐民非有天泽之分乎？返观专制之国，钱币一出于国家，然民间犹得以碎银贸易；至于楮币，则国家尚鲜为之，况于牙侩？今上海中国银行亦许自造楮币，斯实揣摩欧化，非其本有。

是故有共和政体，而不分散财权，防制议士，则犹不如专制政体之为善也。虽然，是四制者，特初级苟偷之法，足以补苴衅隙而已。欲求尽善，必当高蹈太虚，然非有共和伪政，及其所属四制以为之基，宁有翔蹑虚无之道，随顺有边，期以百年，然后递见五无之制。

五无者，超过民族主义者也。云何五无？一曰：无政府。凡兹种族相争，皆以有政府使其隔阂，假令政权堕尽，则犬马异类，人犹驯狎而优容之，何有于人类？抑非专泯种族之争而已。有钱币在，则争夺生而阶级起。于是以共产为生，则贸易可断，而钱币必沉诸大壑矣。有军器在，则人将藉是以为杀掠之资。于是镕解铳炮，椎毁刀剑，虽未足以绝争心，而争具则自此失矣。其他牝牡相交，父子相系，是虽人道之常，然有所昵爱则妒生，有所摄受则争起。于是夫妇居室、亲族相依之事，必一切废绝之，使人民交相涉入，则庶或无所间介矣。凡此诸制，皆所以平人民嫉妒之心，而非以为幸福。幸福本无，惟少害故。

二曰：无聚落。政府之成立，本以争战为其始原。争战不绝，则政府不可以一日废。是故政府者，非专为理民而设，实与他国之政府相待而设。他国有政府在，即一国之政府不得独无。今日无政府，固必与他政府同时俱尽。国界之当先破，语言文字之当先统一者，斯尽人所知也。国界虽破，而聚落犹未破，则惨烈之战争未已。何也？人类本平等，而所依之地本不平等；人类之财产可以相共而容，而地方之面积不能相共而容。夫共产者，以为自喻适志矣。然地有温润寒苦之不同，处寒苦者尽力经营，以化其地为膏腴，孰与攘夺膏腴之便？况气候之燥润惨舒，其难齐有百倍于地质者。自古温润之国，率为苦寒人所兼并，顾温润国则未有蚕食苦寒国者。无他，苦寒国人视温润国为乐土，驱于欲望，则不惮断脰摩顶以争之。悦以使民，民忘其死。温润国人于苦寒地，素无欣羡之心，则其不能兼并也亦宜。夫两地皆有政府，而苦寒必胜温润者，知其胜非政府所成，乃自然界所役使矣。今观欧洲诸国，侵略印度以南之地，其始岂假藉帝力、挥其天戈耶？一二农商，规利远涉，招集亡命，挟捕兽之器以杀人，而其地遂为所据有。斯与政府何与？及其殖民既就，上之政府，以著领土之名，无旧无新，悉为一国矣。而旧土民之厚利，犹为征服者恣意侵渔，讨伐生蕃，逞情残杀，斯于国界何与？是故政府与国界破，而犹有聚落之存，则温润地人必为苦寒地人所杀掠。

近则如白人之侵略南方，远则如原人之覆灭他族，可决知也。夫俄人所以敢言无政府者，何也？地素苦寒，有己国人之侵食他方，而不虑他方人之侵食己国。法人所以敢言无政府者，何也？土虽膏腴，面积非甚广大，有狭乡人之侵略他温润地，而不虑他温润地人之侵略狭乡。故实践之而无所惧。若泰东诸国则不然，中原、辽沈、日本、朝鲜，虽与俄国同时无政府，东亚之民犹为俄人所蹂躏也。滇、桂、闽、广、越南、暹罗，虽与法国同时无政府，南海之民犹为法人所侵掠也。是何也？既依聚落地着而居，则气候之相较有温寒，面积之相较有广狭，非法制契约所能平也。夫无政府者，以为自由平等之至耳。然始创自由平等于己国之人，即实施最不自由平等于他国之人。在有政府界中言之，今法人之于越南，生则有税，死则有税，乞食有税，清厕有税；毁谤者杀，越境者杀，集会者杀，其酷虐为旷古所未有。是曰食人之国，虽蒙古、回部曾未逮其毫毛。此法兰西，非始创自由平等之法兰西耶？在有政府界中，法人能行其自由平等者于域内，而反行其最不自由平等者于越南。

以此相推，虽至无政府时，犹渔猎他人可知已。或者以为语言文字有殊，迭相视为异种，故无含容包覆之心，既统一则无斯虑。夫以利相争，虽兄弟至亲，犹有操戈之衅，况故为路人耶？今人震矜无政府说，以为典型。然纵令政府尽亡，国界尽破，而因仍固有之聚落以相什伍者，犹未化镕，合旅相争，其势仍不能已。则效其术者，正为创其说者所鱼肉耳。是故欲无政府，必无聚落。农为游农，工为游工，女为游女。苦寒地人与温润地人，每岁爰土易室而居，迭相迁移，庶不以执着而生陵夺。斯则无政府者，必与无聚落说同时践行也。

三曰：无人类。世人以政府为众恶之源，国家为群污之府，宁不谓尔？虽然，政府云，国家云，固无自性。此政府与国家者，谁实成之？必曰，人实成之。夫自人成之，自人废之，斯固非绝特可惊之事。而成之之根不断，有其废之，终必有成之者。不然，则原人本无政府国家之累，何以渐相垛积以有今日之穰穰者也？且人之相争，非止饮食牝牡之事；人之争具，宁独火器刚铁之伦。睚眦小忿，则憎怨随之；白刃未获，则拳力先之。纵大地悉无政府聚落，销兵共产之制得以实行，而相杀毁伤，犹不能绝其愈于有政府者。昔鲍生有言曰：细民之争，不过小小匹夫校力，亦何所至。势不能以合徒众，威不足以驱异人。孰与王赫斯怒，陈师鞠旅？推无仇之民，攻无罪之国，僵尸则动以万计，流血则漂橹丹野。”案：鲍生好老、庄之书，治剧辩之言，以为古者无君胜于今世，与抱朴子相难。中国言无政府者，前有庄子，后有鲍生，为其最著。语见《抱朴子·诘鲍篇》。若是，而已使人类返于犬豕，不使人类进于修罗，其术虽善，而犹非圆满无缺之方。是故一二大士超人者出，诲之以断人道而绝其孳乳，教之以证无我而尽其缘生。被化虽少，行术虽迂，展转相熏，必有度尽之日，终不少留斯蠹以自祸祸他也。

四曰：无众生。自毛奈伦极微之物，更互相生，以至人类，名为进化，其实则一流转真如。要使一物尚存，则人类必不能断绝。新生之种，渐为原人，久更浸淫，而今之社会、今之国家又且复见。是故大士不住，涅槃常生，三恶道中，教化诸趣，令证无生，而断后有，此则与无人类说同时践行者也。

五曰：无世界。世界本无，不待消灭而始为无。今之有器世间，为众生依止之所本，由众生眼翳见病所成，都非实有。六十四种原质，析至邻虚，终无不可复析之量。既可复析，即不得强立原子之名。若云原子本无方分，互相抵触而后见形者。既无方分，便合浑沦为一，何有互相抵触之事？故知原子云者，徒为妄语。其他或立伊太，或立伊奈卢鸡，斯皆超出经验之外，但有假名。要之，空间尚无；岂彼空间所容受者，而可信其为有？然现见此器世间，宛尔存在，则以众同分业，错乱其明故。是则众生既尽，世界必无豪毛圭撮之存。譬若病眼者死，而眼中所见之空华与之俱死。虽然，此未可为常人道也。常人所信，惟有覆谛而已。世界初成，溟濛一气，液质固形，皆如烟聚。佛谓之金藏云，康德谓之星云，今人谓之瓦斯气，儒者则以太素目之。尔后渐渐凝成，体若熟乳，久之坚硬，则地球于是定位，次是乃有众生滋长。而有机物之最始，果自无机物出乎？则生物学家所不能断定者。若如覆谛世界不亡，仍有产出群生之日。是故众生悉证法空，而世界为之消弭，斯为最后圆满之期也。

此五无者，非能于一时成就。最先二无，同时成就，为一期；其次二无，渐递成就，为一期；最后一无，毕竟成就，为一期。前二次二，其时期亦有互相错杂者，以非普遍，故不得以成就为言。若自明者观之，序次秩然，推行不乱，孰后孰急，若指果于掌中。然而俗昧远理，僧滞近教，事之常也。今之在宗教者，以盛衰强弱为素定，徒执因缘，不知以增上缘辅其为治。又乃情存谄曲，以强有力者为护法之宗，抑盛辅微，耳不欲听。顾沾沾焉以慈善事业资助穷民，适为豪强者保其令闻长世。其有贤者，甘趋寂灭，而万善方便之法不行，所谓财施无畏，施者竟安在耶？若夫俶傥愍世之材，以无政府为至极矣。坚信性善之说，则谓利用厚生，与夫男女隐曲之事，果无少缺，虽无法律而不为非。不悟人心好事，根于我见，我见不除，虽率尔椭目相视，犹有并命同尽之心，岂专由利害得丧而已。以无政府主义中道自画，而不精勤以求其破碎净尽者，此亦乏于远见者也。佛说郁单越洲，人无妻妾、田宅、车马、财物、资具诸摄受，清宁耆寿，殊胜三洲。而佛亦不于是洲出世，此其事岂非明验于今耶？

何以云性善之说，不可坚信，人心好争，根于我见耶？答曰：人之本性，所谓藏识无善无恶者，勿论也。而末那意根，虽无记而有覆，常执藏识以为自我，以执我之见见于意识，而善恶之念生。人心固非无善，亦非不好善。如孟子、路索、索宾霍尔，皆以恻隐之心立极，诚非夸诞。然如希腊学者，括人心之所好，而立真、善、美三，斯实至陋之论！人皆著我，则皆以为我胜于他。而好胜之念见之为争，非独人尔，一切动物皆然。若鸡者，若鹌鹑者，若蛙与虾蟆者，若蟋蟀者，多以无事相争，而不必尽为利害得丧之事。索宾霍尔立意志世界之说，谓意志常自相竞。证以蚁子下指甲而断之，蚁子既死，其身与首犹相斗，此岂为利害得丧而然乎？婴儿始能言时，两不逊则举手相扑，及至壮夫，亦有以嘲骂瞬视之微，而怀怨以终其世者。杯酒失意，白刃相仇，盖前世所常睹。此又岂为利害得丧之事也？然世多以利害得丧而生竞者，以好胜是其天性。涉于利害得丧之事，则发之愈烈耳。宁得谓人之相杀者，止于生存竞争、牝牡竞争而已乎？今使人无私藏，亦无家室，其为财产妃色而生争者，固少息矣。然斯之社会，在兽类固有之，兽类无一夫一妇之事，两性相逐，天下为公，而以字尾之故，相噬啮者犹众，何独于人类而能外是？兽类言语既简少，惟以声气呼召排摈，而峭刻之调讥无有焉，其知耻之心亦寡，故无以言语而起竞争之事。人则不然，有喙三尺，其利甚于刀矛，报之者亦率以刀矛从事。乱之生也，则言语以为阶。萧同房中之一笑，嵇康锻灶之两言，其祸至于丧师断首。此犹曰报之者有势藉也。纵无势藉，一身之股肱固在，凡彼勇夫，不忍恶声以至相死者，多矣。

然未至于甚溃裂者，何也？有法律以闲之，有利欲以掣之也。人情莫不怀生而恶死，非饥寒交迫，铤而走险者，严刑在侧，常有以挫其好胜之心。亦或遁逃法外，而令名既损，民所不与。攻难剽暴之徒，与社会既不相入，则无穷之希望自此而终。此所以惮于猝发也。然以二者相衡，则法律之惩戒，其力微，而利欲之希望，其力厚。今无政府，法律有无且勿论，共产同内，则一身无利之可损，亦无利之可增也。希望既绝，伪道德以此廓清，而好胜之良能，将于是轩豁呈露。盖处今时之社会者，非无好胜之心也，而常为利欲所制。故近世欲作民气者，在损其好利之心，使人人自尊，则始可以勇猛无畏。及无政府主义成就以后，其所患又在彼不在此。

或者以为今时风气驻戾，好杀者已居少数。他时政府虽亡，而习惯犹因仍不没，无患其遽裂者。吾则以为不然。今之习惯，非能使天性迁移，特强制之使不发耳。谁无嗔心，谁不屠杀有情以供餐食。是好杀之习惯由性成，而不杀之习惯为强制也。藩篱既彻，则向之弹力复生。纵有力能强制者，必其尝处今之社会，而后处无政府之时代者耳。再世以往，其子孙不见今之社会，安有不杀之习惯哉？

或者以为恻隐之心，人所素有，虽其好胜，必能强自制裁。吾又以为不然。恻隐之心，孟轲举孺子入井为例，此最为密切者。人之所怜，在彼弱小于我，而所憎在其敌对于我。即彼恻隐心者，亦与好胜心同一根柢。虽甚凶戾，无不怜弱者；虽甚仁慈，无不憎怨家。观夫任侠之居心，即可见矣。上世人兽争战之时，常杀其长者而豢其稚者；其次部落争战之时，常屠其丁壮而遗其妇女弱儿。此宁有政令发征期会哉！诛其强者，本乎好胜心；全其弱者，本乎恻隐心。人之良能然也。纵令人人不傲无告，不侮鳏寡，而体力智勇与我相若者，一有小忿，常存必杀之心。此必不能去者也。

或者以为无政府时，既无争具，虽欲相杀，而有不可得者。吾又以为不然。人之异于禽兽者，在其体力有差。世固有力能扛鼎，亦有不举一雏者。此则强弱相形，或足以动其哀怜之念。至乎常人相视，力有余而形不逮，亦数有之。攘臂相争，犹足断命，况于长竿白梃，犹有可藉乎？且夫兵器虽销，而资生金铁，犹不可废。农夫发地，则必有犁锄矣；庖人割胾，则必有刀匕矣；大匠伐木，则必有斧斤矣；女红制帛，则必有翦刀矣。举此数者，无不可资为杀人之具，安在其赤手无藉也？

虽然，必谓人将相杀，当以法律治之，而愿政府之存者，是则甚谬。原政府之初设也，本非以法律卫民而成，乃以争地劫人而成。今者法令滋章，其所庇仍在强者。贫民以为盗受诛，宁止亿兆？其或逻候森严不得恣意，则转死于煤坑中耳。至于帝国主义，则寝食不忘者，常在劫杀。虽磨牙吮血，赤地千里，而以为义所当然。夫窃钩者诛，窃国者为诸侯，此庄生所为愤嫉。今无政府，虽不免于自相贼杀，必不能如有政府之多。且平人相残，视其膂力，非夫以强陵弱、以众暴寡者之可悲也。昔鲍生有言曰："使夫桀纣之徒得燔人，辜谏者，脯诸侯，菹方伯，剖人心，破人胫，穷骄淫之恶，用炮烙之虐。若令斯人并为匹夫，性虽凶奢，安得施之？使彼肆酷恣欲，屠割天下，由于为君，故得纵意也。"综观今世所谓文明之国，其屠戮异洲异色种人，盖有甚于桀、纣。桀、纣惟一人，而今则合吏民以为之；桀、纣无美名，而今则借学术以文之。独一桀、纣，犹不如去之为愈，况合群策群力以为桀、纣矣。夫斗殴杀人者，其心戆；计谋杀人者，其恶深；独力杀人者，其害微；聚众杀人者，其祸剧。今政府固尽知此，法律所治，轻重有殊焉。而政府自体，乃适为计谋、聚众以杀人者，则乌得不舍此之重而就彼之轻耶？

古之言性恶者，莫如荀卿，其见非不卓绝，犹云当以礼法治之。荀卿之时，所见不出禹域，七雄相争，民如草芥，然尚不如近世帝国主义之甚。随俗雅化，以建设政府为当然，而自语相违实甚。何者？既知人性之恶，彼政府者亦犹人耳，其性宁独不恶耶？检以礼法，而礼法者又恶人所制也。就云礼法非恶，然不可刻木为吏，则把持礼法者，犹是恶人。以恶人治恶人，譬则使虎理熊，令枭将獍。熊与獍之恶未改，而适为虎与枭傅其爪牙。然则正以性恶之故，不得不废政府。庄生云："唇竭则齿寒，鲁酒薄而邯郸围，圣人生而大盗起。"纵令有新政府者出，能尽反近世文明政府所为，而其幅员不能遍于大地。且机关既设，众慝日滋，终足以为大盗之藉。故余以设新政府者为无政府之阶，而永世守之，则不可。无政府者，虽有平人相杀，其酷犹愈于有政府，终当使其趋于寂灭，而以为圆满，则不可。

所谓无人类、无众生、无世界者，说虽繁多，而无人类为最要。以观无我为本因，以断交接为方便，此消灭人类之方也。然世人多云：天地之大德曰生，阴阳匹偶，根性所同，不应背天德而违人道。嗟乎！人在天地，若物之寄于康瓠耳。器非同类，则无德之可感；体无知识，则何物之能生？且原始要终，有生者未有不死。既云天地之大德曰生，何独不云天地之大德曰死乎？天地不仁，以万物为刍狗，乃老子已知之矣。夫名色五阴，是为苦聚。人生三苦：一依内苦，二依外苦，三依天苦。此则《金七十论》师犹明其义。而近世学者亦云：苦为积极，乐为消极。其说近《成实论·问受品》云：又种种乐，少苦能胜，如人具足受五欲时，蚊蚋所侵，则生苦觉。又如存百子乐，不如丧一子苦。夫尽世间之上妙乐具，无益于我秋豪，而只足以填苦壑，则人生之为苦聚可知。故《世亲百论释》云：福有二相，能与乐，能与苦。如杂毒饭，食时美欲消时苦，福亦如是。复次，有福报是乐因，多受则苦因。譬如近火止寒则乐，转近烧身则苦。是故福二相，二相故无常，是以应舍。然则若苦若乐，终之为苦一也。本未生时，非有苦乐可受而生者，忽以苦府锢之。使人果天地所生，则对之方为大怨，而何大德之有焉？

或窃海格尔说，有无成义，以为宇宙之目的在成，故惟合其巨的者为是。夫使宇宙而无所知，则本无目的也；使宇宙而有所知，以是轻利安稳之身，而倏焉生成万物以自蠹。譬诸甘食不休，终生蛲蚘之害，其卒必且自悔，或思得芫华巴豆以下之矣。然则宇宙目的，或正在自悔其成，何成之可乐？调御丈夫，当为宇宙之忏悔者，不当为宇宙所漂流者。且人之在斯世也，若局形气以为言，清净染污，从吾志耳。安用效忠孝于宇宙目的为？若外形气以为言，宇宙尚无，何有目的？世之论者，执著有生，而其终果于行杀，曷若生杀两尽之为愈也？至其所谓人道者，不知以宇宙目的为准耶？抑以人类天性为准耶？若以宇宙目的为准者，已如前驳；若以人类天性为准者，人之天性不能无淫，犹其天性不能无杀。以淫为人道不可断者，何不以杀为人道而不可断乎？何以知其然也？

人之情性可见者，莫如诗；其次莫如小说、神话。中国之《诗》，风以道淫，雅、颂以道杀。而言淫者，以窈窕好逑文之；言杀者，以神武耆定文之。屈原、相如之作，哀则言思美人，见佚女；壮则言诛风伯，刑雨师。虽一往寓言，若非淫杀则不足以为美者。乃如常行小说，非以恋爱表淫，即以侦探表杀，此为中外所同。至于神话，希腊、印度皆立男女二神。而急风骤雨，则群指为天神战斗之事。以及刑天干位，修罗争帝，天魔诱人，波旬娆佛，凡诸杀事，神话中往往有之。而湿婆苇纽之教，则公言淫；天方之教，则公言杀。故知淫云杀云，皆人之根性也。若人性果不好杀者，何以勇果刚毅等名，至今不为恶词，而以之为美德？观其所美，则人性大可见矣。善乎！太史公曰："自含血戴角之兽，见犯则校，而况于人怀好恶喜怒之气，喜则爱心生，怒则毒螫加，情性之理也。"小亚细亚学者海逻克梨提之言曰："争者群生之父，万物之王，一日息其争战，则宇宙将自灭亡。"其言虽悖，而适合于事情。

万物无我见则不生，无我见则不杀。生与我见俱来，而杀亦随之。非直此也，芸芸万类，本一心耳。因迷见异，以其我见自封，而无形之外延，因以张其抵力，则始凝成个体以生。是故杀机在前，生理在后。若究竟无杀心者，即无能生之道。此义云何？证以有形之物，皆自卫而御他，同一方分，不占两物，微尘野马，互不相容。虽以无形之分别心，一刹那间，亦不容俱起两念。斯皆排摈异类，互相贼杀之征。一切法我人我法尔，以杀为生，无杀则三界自然绝纽。以是推观，则人为万物之元恶，断可知矣！今据天性以为准，而云淫为人道，则杀亦独非人道耶？夫妇公有，既纵淫矣；法律废弛，既听杀矣。所以为此者，岂以纵淫、听杀为当然？谓如是而后合群，相杀者可以衰止，较诸有政府时为犹愈尔。夫所恶者杀也，而杀根终不可断；欲断杀者，不得不先断我见；而我见断则生亦断，安可以男女匹偶为当行哉？

问曰：若生当断，曷若杀之之为愈？且既以人为元恶，则杀之也何害？答曰：断生者，谓断后有之生，非断现有之生。若现有之生可断，斯即杀矣；而不断杀者，即亦不能断生。何以故？能杀所杀，我见皆未尽故。且人为万物之元恶，是则然矣。子元恶也，我元恶也，均之元恶，而二者何以相治？若欲听命于摩醯首罗、大梵帝释、耶和瓦等，彼实虚无，不可信其为有；纵令有之，既有生矣，则是与尔我同为元恶也；同为元恶，即亦弗能相治。言无人类者，不欲以是人杀他人，犹之言无政府者，不欲以是政府灭他政府。非直不欲，且痛恶之。所以者何？为恶杀故，为平等故。是故断生之道，任人自为，而不得以行杀为断生矣。

问曰：人之有淫，有政府时且不能以法律断之，况无政府而可以是强遮人之情欲耶？答曰：断淫者，固任人为之，非他人所能强制。惟然，故展转相熏，其收效至为阔远。若可以强制者，不过六七十年而大地可无噍类，安得此径易事也？人之不可强制者，非独淫尔，虽杀亦不可强遮也。真遮杀者，不仅于动物遮之，虽至草木苔藓之微，所谓种子邨、有情邨者，犹不得有意毁坏。邨者，是依止义。种子邨，即果核等为种子所依止；有情邨，即丛草等为蚊蚋所依止。微菌湿生，则有青衣白酦之属，欲去之者，惟得起洁净心，不得起损害心，斯岂尽人能然者？惟以同志自为契约，而展转及于他人，斯有度尽之日已。

问曰：若淫杀皆为天性者，何以人皆恶杀？若淫杀皆可厌恶者，何故于淫则习而忘之，顾反以为人伦之始？答曰：人若不恶淫者，纳采问名，既公布婚姻之礼，何以夫妇隐曲，当在屏蔽之中，不如犬豕之遵大路？而又先知蔽前，继知蔽后，露生支而行者，则人人举以为羞。下至麇鹿狸狌，牝牡相逐，则牝者犹遁逃不暇，岂非交会之情，虽禽豸亦知隐避乎？近人说尤谬者，以为交会无关廉耻，若生支出于面颊，则与衔吻等耳。不知根器所依，心念即缘之而起，不得假设迁移之想。若如彼说，胡不曰，使谷道与口同处，则便秽亦不知其臭乎？或又谓：卫藏风俗，常使老妪教男女行淫之法，未尝屏蔽。故知屏蔽者，乃习惯使然，非本性也。然斯巴达人之俗，以善窃盗为美谈。若如彼说，胡不曰，自讳言窃盗者，亦习惯使然，非人之本性乎？人有偶为诳语，虽于利害无关者，乍被发觉，无不忸然见色，彼淫者亦其比尔。而人之于杀，顾有悍然矜伐其能者。上者铭之钟石，著之史书，虽穷而在下者，亦因是得称为好汉。法律只足以制其行事，然人心尊崇之念，虽严刑莫能遮。谁谓恶杀不恶淫耶？故就好美好胜之心以言，则淫杀皆人所好矣；格以好善之心，而淫杀又皆为人所恶矣。要之，性中种子，本以真如无明，更互相熏。由无明熏真如，而天性有好淫好杀之心；由真如熏无明，而天性亦有恶淫恶杀之心。两者具存，在人所自择耳。

问曰：生物进化，未有尽期。今之人虽多贼杀，千百世后，或为道德纯备之人，何必以灭绝人类为志也？答曰：望进化者，其迷与求神仙无异。今自微生以至人类，进化惟在智识，而道德乃日见其反。张进化愈甚，好胜之心愈甚，而杀亦愈甚。纵令进化至千百世后，知识慧了，或倍蓰于今人，而杀心方日见其炽。所以者何？我见愈盛故。吾友北辉次郎，尝期化学日精，则人人可以矿物和为饮食，而动植皆可恣其自生。乃至便利道断，交会路绝，则人与天神无二。夫矿物供餐之说，容有其期，而杀心终不以饮食有余而止，此前所已言者。若夫断便利，绝交会，则与辟谷还丹相似。大药既成，人腹不腐，神仙之说固然。而我见不亡，淫根必无自断之道。老子云："吾所以有大患，以有身故。"法与之貌，识与之形，五作根既开洞穴而发枝茎，则非掉动以遂所欲不已。故曰："有欲以观其徼。"徼之不亡，而求其自然无欲，乌可得哉？纵令证得四空，形质已销，我见犹未伏灭，因缘外界，其种得以更生。故余以为我见在者，有润生则淫必不可除，有好胜则杀必不可灭。夫耽于进化者，犹见沐浴为清凉，而欲沉于溟海。所愿与卓荦独行之士，勤学无生，期于人类众生，世界一切，销镕而止，毋沾沾焉以进化为可欣矣。

呜呼！人生之智无涯，而事为空间时间所限。今日欲飞跃以至五无，未可得也。还以随顺有边为初阶，所谓跛驴之行。夫欲不为跛驴而不得者，此人类所以愈可哀也！

《民报》第16号，1907年9月

国家论（1907）

余向者于社会主义讲习会中，有遮拨国家之论。非徒为期望无政府者说，虽期望有政府者亦不得不从斯义。然世人多守一隅，以余语为非拨过甚。故次录前论，附以后议，令学者得中道观云。

一、国家之自性，是假有者，非实有者；二、国家之作用，是势不得已而设之者，非理所当然而设之者；三、国家之事业，是最鄙贱者，非最神圣者。此义云何？

第一义者：凡云自性，惟不可分析、绝无变异之物有之；众相组合，即各各有其自性，非于此组合上别有自性。如惟心论者，指识体为自性；惟物论者，指物质为自性。心不可说，且以物论。物质极微，是最细色，不可断截破坏贯穿，不可取舍乘履搏掣，非长非短，非方非圆，非正不正，非高非下，无有细分，不可分析，不可睹见，不可听闻，不可嗅尝，不可摩触，故名极微，亦曰原子。此《毗婆沙论》一百三十六说，近世原子论者亦同此义。若以原子为实有，则一切原子所集成者，并属假有。何以故？分之则各还为原子。

故自此而上，凡诸个体，亦皆众物集成，非是实有。然对于个体所集成者，则个体且得说为实有，其集成者说为假有。国家既为人民所组合，故各各人民，暂得说为实有，而国家则无实有之可言。非直国家，凡彼一村一落，一集一会，亦惟各人为实有自性，而村落集会，则非实有自性。要之，个体为真，团体为幻，一切皆然，其例不可以偻指数也。或曰：凡团体者，非止以集合个体为性，乃自以其组织为性，故不得说为假有。夫组织云者，将指何等事耶？一线一缕，此是本真，经纬相交，此为组织。今若有一幅布及一端帛，特指其经纬相交以成面积而言。当其为布帛时，此一线一缕者，未尝失其自性；及其解散，则线缕之自性犹在，而布帛则已不可得见。是故线缕有自性，布帛无自性。布帛虽依组织而有，然方其组织时，惟有动态，初无实体。若尔，组织亦无自性，况其因组织而成者，可得说为实有耶？且如人有两手，两手者，固各有自性，虽至两手相叉，亦惟认两手为有自性，不得以相叉为有自性，此儿童所知者。复次，人之组合而为村落，或为军旅，或为牧群，或为国家。又若金之入型，各从其相，而金之自性无改。方为指环，无间又为眼镜筐；方为眼镜筐，无间又为时辰表廓。此指环、眼镜筐、时辰表廓者，惟是形式相差，势用有异，而展转相更，复可以此为彼。是故指环、眼镜筐、时辰表廓，一切虚伪，惟金是真。如是村落、军旅、牧群、国家，亦一切虚伪，惟人是真。虽有巧辩，不能夺其说也。

然近世国家学者，则云国家为主体，人民为客体。原彼之意，岂不曰：常住为主，暂留为客，国家千年而无变易，人民则父子迭禅，种族递更，故客此而主彼耶？若尔，请以溪流喻之。今此一溪，自有溪槽，溪槽者，或百千年无改，而其所容受之水，则以各各微滴，奔凑集成，自朝逮暮，瀑流下注，明日之水滴，非今日之水滴矣。是则亦可言溪槽为主体，槽中水滴为客体。而彼溪槽，所指何事，左右有岸，下有泥沙，中间则有空处。岸与泥沙，虽溪槽所因以成立，而彼自性是土，不得即指为溪槽。可指为溪槽者，惟有空处。夫以空处为主体，而实有之水滴反为客体，是则主体即空，空既非有，则主体亦非有。然此空者，体虽虚幻，而犹可以眼识现量得之。若彼国家，则并非五识现量所得，欲于国家中求现量所得者，人民而外，独土田山渎耳。然言国家学者，亦不以土田山渎为主体。则国家之为主体，徒有名言，初无实际，可知已。

或曰：国家自有制度法律，人民虽时时代谢，制度法律，则不随之以代谢。即此是实，故名主体。此亦不然，制度法律，自有变更，非必遵循旧则。纵令无变，亦前人所贻之“无表色”耳。凡言色者，当分为三：青黄赤白，是名显色；曲直方圆，是名形色；取舍屈伸，是名表色。凡物皆属显色、形色，凡事皆属表色。表色已过，而其所留遗之功能，势限未绝，是名无表色。如筑桥梁、建城郭等，当其作役，即役人之表色；作役已毕，而桥梁、城郭至千百年不坏，即此不坏之限，为役人之无表色，其功能仍出于人。云何得言离人以外别有主体？然则国家学者，倡此谬乱无伦之说以诳耀人，真与崇信上帝，同其昏悖。世人习于诞妄，为学说所缚，而不敢离，斯亦惑之甚矣！

问曰：若尔者，人亦细胞集合而成，云何得言实有自性？答曰：以实言之，人亦伪物云尔。然今者以人对人，彼此皆在假有分位，则不得以假有者斥假有者。使吾身之细胞，悍然以人为假有，则其说必非人所能破。若夫对于国家者，其自体非即国家，乃人之对于国家。人虽伪物，而以是单纯之个体，对于组合之团体，则为近真。故人之以国家为假有者，非独论理当然，亦其分位得然也。

第二义者：一切物质，皆有外延，此本无当然之理。特以据有方分，互不相容，则不得已而生肤郭。植物有皮，介虫有甲，乃至人及鸟兽，皆有肤革以护其肌。大者至于地球，亦有土石为之外郛，使地藏金火得以安稳。此皆势力所迫，不得自由。昔者庄生有云：夫得者困，可以为得乎？则鸠鸮之在于笼也，亦可以为得矣。且夫趋舍声色，以柴其内，皮弁、鹬冠、搢笏、绅修，以约其外。内支盈于柴栅，外重缠缴，睆睆然在缠缴之中，而自以为得。则是罪人交臂历指，而虎豹在于囊槛，亦可以为得矣。由是观之，令人得脱肉而居，无皮革以缠其外，而不受雪霜风雨之侵，则于我顾不快耶？

夫国家犹是也，亦有大山巨渎，天所以限隔中外者。然以人力设险为多。蒙古之鄂博，中国之长城，皆是类也。又不能为，则置界碑；又不能为，则虚画界线于舆图，以为分域。凡所以设此外延者，与蛤蚌有甲、虎豹有皮何异？然则国家初设，本以御外为期。是故古文国字作或，从戈守一。先民初载，愿望不过是耳。军容国容，渐有分别，则政事因缘而起。若夫法律治民，不如无为之化，上有司契，则其势亦互相牵连，不可中止。向无外患，亦安用国家为？汉土学者，视政府无足重轻，然犹云尊卑有分，冠履有辨，君臣有等，虽无用而不可不立。不悟天高地下，本由差别妄念所生，一切分位，随眼转移，非有定量。如彼工巧画者，以少采色间少采色，能令无高下中见有高下。乾坤定位，准此可知，名分之执，亦由斯破坏矣。

或者又谓：物有外延，实是天然规则。国界虽无所用，而不可破此模型。欲破此执，且当以峡水喻之。如峡水流两岸，色形同处一时，俱见二像，居两岸者，互见分明。夫即此一峡水中，而互容两岸色像，是则万物本无不相容受之理。凡诸有形质碍，同处一时，似不俱起。然试取一坚青玉质，以石磨研，悉成细粉。青所在处，亦即坚所在处；坚所在处，还即青所在处。此青与坚，何以同处一时，相容俱起？又试任取一物，除去显色形色质碍而外，其中尚有“物如种子”否？若云无者，物则本无，不烦推论；若云有者，即彼“物如种子”，何故能与显色形色质碍等相，相依俱有？若云显色形色质碍等相，别有“造色种子”为之因者，是则“物如种子”“造色种子”二者所现之量，同处一时，互相容受即知万物本无外延明矣。虽无外延，而随眼所得，则有外延者。亦犹工巧画师，用少采色间少采色，能令无坳突中见有坳突。故知万物外延之用，非理本然，实随感觉翳蒙而有。以是推求，则国家之作用可知已。

第三义者：凡诸事业，必由一人造成，乃得称为出类拔萃。其集合众力以成者，功虽煊赫，分之当在各各人中，不得以元首居其名誉，亦不得以团体居其名誉。惟诸学术文艺技巧之属，高之至于杜多苦行，皆由自力造成，非他能豫。若是，斯足以副作者天民之号。若学术无心得，惟侈博闻；文艺无特长，惟随他律；技巧无新法，惟率成规；虽尽天下之能事，得尽有之，犹是他人所有，非吾所独有也。若节操足以动人，惟是弹琴咏风，自喻适志，如《周易》所谓甘节者，斯则少欲知足之士皆能仿佛，非天下之至高也。非吾所独有与？非天下之至高，而独尸其嘉名，犹不免为攘窃，况于功德在人，本非独力所能成就。析而视之，则犹人人解炊，使天下无一夫受其饥者，其功利不可谓不博。要之，其业至微末已。

夫工场主人，于佣作者日役其力，而擅美利于一已，世犹以为不均。然凡一熟货之成，一者必有质料，二者必有作具，三者必有人力。此质料与作具者，素皆主人所有，彼佣作者，独人力耳。是一熟货成就之因，主人当其二，佣作者仅当其一也。而所获赢余，一切为主人所没，议者且以盗窃名之。若夫国家之事业者，其作料与资具，本非自元首持之而至，亦非自团体持之而至，还即各各人民之所自有。然其功名，率归元首；不然，则献诸团体之中。此其偏颇不均，不甚于工场主人之盗利乎？世人愚暗，辄悬指功利以为归趋。余岂必菲薄功利，然彼功利所在，亦即美名所在。而功利者，必非一人所能为，实集合众人为之。纵有提倡其前者，犹行礼之赞相，所擅惟有口号，至于槃辟跪拜，则犹赖人自为之也。夫其事既由人自为之，而美名所在，不归元首，则归团体，斯则甚于穿窬发柜者矣。岂独常事为然，凡在军旅，其劳瘁亦至甚矣。然将帅虽劳，而士卒之疮痍，与齐民之罢弊，有什佰于将帅者。世人以功成骨枯为佳兵者戒，不悟事虽合义，行迹非不与佳兵者同也。

然并世之夸夫，率举“我不入地狱，谁入地狱”以为恒语，此必不能附会者。大觉有情，期于普度众生，得离苦趣，则身入恶道而不辞，顾未尝牵帅他人以入恶道，至于国家事业则不然。其为种族革命欤？政治革命欤？社会革命欤？必非以一人赴汤蹈刃而能成就。我倡其始，而随我以赴汤蹈刃者，尚亿万人。如是，则地狱非我所独入，当有与我俱入者在。而独尸是语，以为名高，斯亦何异于盗窃乎？

余以为众力集成之事，直无一可宝贵者。非独莅官行政为然，虽改造社会亦然。尧舜云，亚历山德云，成吉思汗云，华盛顿云，拏破仑云，俾士麻云，于近世巴枯宁、苦鲁泡特金辈，虽公私念殊，义利事异，然其事皆为众力集成，则与炊薪作饭相若，而代表其名者，视之蔑如。以比释迦、伊壁鸠鲁、陈仲子、管宁诸公，诚不啻蛎甲之于犀角。虽一术一艺之师，犹不足以相拟也。夫灶下执爨之业，其利于烝民者至多，然而未有视为神圣者。彼国家之事业，亦奚以异是耶？尸之元首则颇，归之团体则妄，若还致于各各人民间，则无过家人鄙事而已。于此为神圣，则不异于事火咒龙也。

上来三事，所谓遮拨国家。然期望有政府者，亦非因是而被障碍。此义云何？

前第一义，既不认许国家自性为实有物，则凡言爱国者悉是迷妄。虽然，爱国之义必不因是障碍。以人心所爱者，大半非实有故。喻如各各金粒，至百千数，人之爱之，不如其已成指环者。各各白石粉粒，至万亿数，人之爱之，不如其已成瓷瓶者。又如古钱有文，旧碑有刻，若捣碎之，则废铜沙砾，可以弃之沟中。纵复熔铸为钱，凝和为碑，犹不如向日完具时为可宝玩。夫指环、瓷瓶，无过形式，而钱文、石刻，则区区雕琢，隐显之间耳。然其可贵，必有百倍于各各分子者，此何因缘？则以人身本非实有，亦集合而成机关者。以身为度，推以及他，故所爱者，亦非微粒之实有，而在集合之假有。夫爱国者之爱此组合，亦由是也。且以各各微粒，捣和成器，器虽是假，而其本质是真，其爱之犹无足怪尔。

亦有别无本质，唯是幻象，而人反乐观之者。喻如幻师幻作白兔、青雀等像，于中无有微分毛羽血肉可得，乃至石磨水漉，亦不可得，而人之爱玩，反过其真。又如画工画作林木及诸牛驹，于中本质，惟是纸素丹青，虽以锯齿析破，木之一叶，牛之一角，驹之一足，竟无存其中者。然人心睹画而愉快，或过于人山适牧，见其真形也。此何因缘？则以人身本非本质，托此气液固形诸无机物，以转化为肌骨血汗耳。即身为衡，而以外观群物，故所爱者，亦非本质之实有，而在幻象之假有。夫爱国者之爱此景象，亦由是也。今夫幻云画云，虽无本质，而见有接触于眼根者，其爱之犹无足怪尔。

亦有别无现量，惟属过去未来，而人反乐念之者。今有上味，声称远闻，或地绝远，或物难致，如思熊掌，及思鲈鱼。又若蜀士思啖蟹羹，或在沙漠思得荔枝，当其存念，虽太牢之味，无以易也。逮其舌根亲证，顾无以愈于彼。复有上妙欲尘，求之难获，若彼妃匹、裘马、宫室、道具之好，当其未得也，希望过甚，或舍生以求之。及其已丧也，恋着过甚，有忘形以殉之。此其以为乐也，虽钧天玄圃，曾莫逮其万一。然当其现受时，则亦寻常之愉快耳。夫过去者已灭，未来者未生，此即虚空无有之境。然于现在正有之境，而爱之甚微，于过去未来无有之境，而爱之弥甚者，此何因缘？则以人心本念念生灭，如长渠水，相续流注，能忆念其已谢灭，而渴望其未萌芽者，以心为量，令百事皆入矩矱之中，故所爱者亦非现在之正有，而在过去、未来之无有。夫爱国者之爱此历史，亦犹是也。

复次，处盛强之地，而言爱国者，惟有侵略他人，饰此良誉，为枭为鸱，则反对之宜也。乃若支那、印度、交趾、朝鲜诸国，特以他人之翦灭蹂躏我，而思还其所故有者，过此以外，未尝有所加害于人，其言爱国，则何反对之有？爱国之念，强国之民不可有，弱国之民不可无。亦如自尊之念，处显贵者不可有，居穷约者不可无。要以自保平衡而已。

前第二义，既不认许国家作用为当设，则凡言建国者，悉是悖乱。虽然，建国之义，必不因是障碍。以人所行事，大半非当然故。饥者求菽麦，渴者求水浆，露处者求廊宇，号寒者求絮绵，此宁有当然之理耶？使人皆如灵龟，则可以不食矣；人皆如雉子，则可以不饮矣；人皆如飞凫，则可以不屋矣；人皆如游鱼，则可以不衣矣。非特尔也，草昧初民，虽有饮食居服，而犹与今人绝异。今人纵不能为龟雉、凫鱼，独不可为草昧初民乎？习于宴安，而肌骨不如昔日之坚定，去此则不足以自存，值歉岁处围城，析木皮以为食，有宁不入喙而死者，由其咽喉所习则然。以此知近世存生之术，皆由势不得已而为之，非理有当然而为之也。

原夫人之在大界也，介然七尺，而攻围其四匝者多矣，依天以立，而寒燠瘴疠侵之；依人以处，而笞棰刀锯犯之；依身以存，而饥渴疲劳迫之。尽此百年，无一刹那得以自在。于是则宁以庶事自缚，以求安全。若从吾所好者，安取是扰扰为？然既已自求安全，则必将层累增上，以至建国而止。今之建国，由他国之外铄我耳。他国一日不解散，则吾国不得不牵帅以自存。说者以为国界虽存，政府则固可以不立。乃举普法战事证之，谓拿破仑第三自将而亡，巴黎城人自为守而固。宁思人自为守者，独无当轴处中，以司号令者耶？此固不必远举法事为征，凡以草泽齐民，起而自踣其政府者多矣，要有幕府，是即政府之具体而微者。故不得以无有政府为说。人亦有言，勇夫重闭，而况国乎？当其存时，则不得不俱存；及其废也，亦相随俱废耳。一废一存，慢藏贾祸之道，在是矣。

说者又云：饮食居服，生而不得不然。至于国家则否，有时而可以消灭之，故不得以为同喻。是亦未为谅直之论也。人果入山，日啖松脂药草诸物，久之芽毛渐生，而居服即无所用。方书所言，或不尽实，然以成事验之，人有击鹳而下者，微伤其足，涂以金疮之药，久之自愈，日以稻饭食之，举翮欲飞，遂不得上。以是知谷食祸人，令体沉重而多疾病，故资于裘絮栋宇以蔽之，不然，则无所事此尔。人于居服，当其可弃则弃之；人于国家，当其可废则废之，其喻正同。势未可脱，则存之亦宜也。

前第三义，既不认许国家事业为神圣，则凡言救国者，悉成猥贱。虽然，救国之义，必不因是障碍。以人之自卫，不论荣辱。农夫担粪以长稻粱，矿人沾体以致石炭，此其事至污辱也，而求食者不以为诟。是何也？人之躯骸，本由腐臭不净之物以成胚胎，其出入与便利同道。故一念及生，即不恤自处污垢，况于匡扶邦族，非专为一己而已。特世人执是以为高名，则不知集众所成，其能力最为阘茸，而自旌其伐，尊于帝天。遂令志其事者，豪毛未动，先有矜众自贵之心；事之既成，又群奉以为大长，斯最可忿嫉者！若本其惨怛之心，以为自卫卫人之计，则如里闾失火，相与抱瓮救之，虽焦头烂额，不以自多，惟曰行吾之素耳，此安论鄙贱与神圣哉？今之贤者，既救火而思牛酒，斯末矣！不肖者，未救火而预设一可得牛酒之心，悲哉！然此非独救国为然，虽能空国家而致之大同，亦赖群伦之力，未足以自豪也。其间贵者，独有密怀匕首，流血五步，与夫身遭厄困，百折而不回者，斯乃个人所为，非他能代，故足重耳。若夫成功以后，铭勒景钟，斯适足为揶揄之柄。此而可贵，凿井而饮、耕田而食者，当愈贵于是矣。然则前举三事，与后义本不相妨。世之期望有政府者，必知斯义，而后举无缪妄。若夫拘牵法理，尊仰事功，斯乃牛羊贱趋、冥无识知者尔，是曷足与言胜义哉？

《民报》第17号，1907年10月

代议然否论（1908）

代议政体者，封建之变相。其上置贵族院，非承封建者弗为也，民主之国，虽代以元老，蜕化而形犹在。其在下院，周礼有外朝询庶民，虑非家至而人见之也。亦当选其得民者，以叩帝阍。春秋卫灵公以伐晋故，遍访工商。讫汉世去封建犹近，故昭帝罢盐铁榷酤，则郡国贤良文学主之，皆略似国会。魏晋以降，其风始息。

至今又千五六百岁，而议者欲逆反古初合以泰西立宪之制。庸下者，且沾沾规日本。不悟彼之去封建近，而我之去封建远。去封建远者，民皆平等；去封建近者，民有贵族黎庶之分。与效立宪而使民有贵族黎庶之分，不如王者一人秉权于上，规摹廓落则苛察不遍行，民犹得以纾其死。

盖震旦亦无他长耳。旁倪邻国与我为左右手者，印度以四姓阶级亡西方诸国，上者藩侯，下者地主，平民皆不得与抗礼。其废君主立总统者，以贫富为名，分若天泽冠履，然彼其与印度兴亡虽异，以阶级限民则同。独震旦脱然免是，闽粤间或以族姓分高下，自岭以北则绝；江东有惰民渔户，法皆禁锢不得入仕涂，自秣陵以西则绝。有时矫虔吏，奋其威棱，践元元如草芥，然固非世其位者。废官归老，其子姓或暴横乡曲，值长吏骨鲠者，往往能捕治之。若夫使高资兼并之家，口含天宪，手司民命，则千载未有一二。承五十叶平等之绪风，虽东胡入主，犹不能恣情滑乱，而反除江左世奴之制，为之释回增美，是震旦所以卓绝矣。

官吏贼民，宦家武断，与岭南人分宗族大小，是为纯白中著一黑黡。假令彼政府欲除三害，当专以法律为治，而分行政司法为两涂。诸司法官由明习法令者，自相推择为之，咨于政府，不以政府尸其黜陟。夫长吏不奸裁判之权，则无由肆其毒。司法官不由朝命，亦不自豪民选举，则无所阿附，以觳其文如是，而民免于陧杌矣。猝然外交有失，至于辱国祸民，民得临时诛其主者，依罗马法无所问，如是而主相不得自擅矣。惰民渔户之俦，肇自有明，所以贬抑胡裔。岭南之葆爱族制，其始亦以分北俚徭，久则泛滥及同种，然皆自法令禁锢成之。若一切许其登录，锐意奖进，则去此如发蒙振落。如是而王道荡平，大圜停水之中，无少有坎窞矣。斯固标举粗觕，未尽委细，然大体不逾。是必欲闿置国会，规设议院，未足佐民，而先丧其平夷之美。若是者，于震旦为封豕，投畀有北，未足以尽其诛。

乃者，杨度鸱张，夸夫伸眉延颈，嗢噱请开国会。满政府如其请，果刻九年为宪政实行之日。吾且庋阁民族主义，而言代议之不可。夫其横分阶级，既略论如前矣。若乃选举不可实行，则明之以丁口比例。今计中国本部及新疆、盛京、吉林、黑龙江四省，大校二千四百万方里，为州县千四百，丁口则四万二千万有奇。若如日本选率十三万人而一议员，则议员当得三千二百人，其数与虎贲等。猱屯麇聚，分曹辩论，謦咳之声，已足以乱人语。故列国议员无有过七百人者。今以七百员计，则是六十万人而选其一也，除去妇女、僮儿入选场者，大率二十万人。愚陋恒民之所属目，本不在学术方略，而在权力过人，以三千人选一人，犹不能得良士。数愈阔疏，则众所周知者，愈在土豪。

今举一例，假令二十万人中，有二十贤良与一土豪，区万人为一处而选之。其万人中无土豪者，勿论；其适有土豪者，设土豪得票与贤良均或且增倍，贤良虽不能与土豪抗，其余十九区中犹有贤良、土豪不能尽陵其上也。若以二十万人选一，彼万人所知之贤良非十九万人所知，而万人所知之土豪则为十九万人所周知，是贤良终不能与土豪抗也。单选不善，于是与之复选。其人知识虽少高，贤良众则势分而附从寡，土豪一则势合而陪属多，其不足相胜，亦明矣。是故，选举法行，则上品无寒门，而下品无膏粱。名曰国会，实为奸府，徒为有力者傅其羽翼，使得膢腊齐民，甚无谓也。

藉令通选不足以得材士，又缩朒之而为限选。汉土之限选，若易行矣，不以纳税为齐，而以识字为齐。计汉土识字者，十人而三，则七人无选举之柄。行之若截削省要者，卒之苟偷一时，势不足以经远。强迫教育实行以后，人人识字，又无奈彼何也。

且以满洲政府歆羡金钱，其计必以纳税为权度。然以纳税定选权者，又不可施于震旦也。案今震旦所有直税纳诸所在州县者，独地丁漕米与渔芦诸课岁可得银三千万两，而田赋高下科则处处不同，山泽亦然，以其地有肥硗，获有多寡，不容以法令一切等画之耳。然则田赋重者，莫如江浙，亩几输银三钱，漕米可一斗许，亦当银二钱有奇，合之则亩输银五钱，池沼场圃山林庐舍之属，视此而杀。上流稍轻灭，湖南壤土非硗埆，而亩财输银三分，又无漕米，山泽廛里几无税矣。辰沅以上，亩财出银七八厘耳。北方诸省，亦大校类是。而新疆与东三省其陇亩往往未升科，纵升科亦必不过辰沅。今若以纳税定选权，中国制钱当日本半钱五分之一，日本以直税十圆者得选举权，中国应以直税二圆者得选举权。如是则江南、浙江之农有田三亩纳丁漕方二圆，足以攘臂参选；而上流贵州、湖南诸省，虽有田百五十亩，犹倜倜未入格；北方如陕西、甘肃益以销铄；而东三省与新疆尤无赖。如是，则选权凑集于江浙，而西北诸省或空国而无选权也。此何等政体耶？若欲比肩日本，以直税十圆为度齐，今此直税三千万两无虑当银圆五千万枚。令人人皆有十圆之税，全国得选举权者，亦财五百万人，况其数本出于奇零。萑集税不及十圆者，大抵三分居二，则得权者财百六十六万人耳。而税有倍于十圆者，其选权仍不得倍，如是又当减其什一，则得权者财百五十万人。夫以四万万人成国，其得选权者只百五十万，是二百六十六人而一。于民权不增涓壤，又安用选举之虚名为？

若欲增重直税，以繁殖选权者，此不足使繁殖，而适以减削其数。何者？土田山泽所得本微，复课重税，中人有十圆之税者，且将去而之商贾，以其土鬻之富人；富人虽纳百圆之税，选权不为增多，而纳税十圆者其人数已减十分之九，选权则愈省。啬夫代议本以伸民权也，而民权顾因之日蹙。令二百六十六人中必有一人居其维首，其权力与众绝殊，名为损上益下，于下反增之层累，此则名实相戾，不足以绐孩婴之童也。且所为代议者，欲使增益租赋之令，不自上发，而自下裁定之。今为繁殖选权，则于代议未行之前，先武断以增租赋，于因果又适为颠倒矣。

若不以直税为剂，而以一切税课为剂者，民有选权或稍稍增于往昔。凡课至重者，莫如盐。今设盐官凡十处，其商多聚居城市，一处无过三四千家，合之亦增多三四万人耳。其外则茶也、丝也、木也、药材也、瓷器也、缯帛也、锡也、木绵也、布也、谷食也、酒也、皮也、马也、珠玉也、纸也、烟草也，为货殖家最巨者，而倡优亦不得无课，其课率在十圆以上。夫以商人预选，若无害矣。反而思今之政党素皆蹑屩赢粮以游异国，参半为贫乏士，虽有温饱者，亦往往不治生产，其纳税十圆者盖寡。夫倡优尚与选，而素知法律略有政见者，反无尺寸选举之柄。则以纳税定选权者，其匡戾亦已甚矣。况值风教陵替之时，朝贵既惟金钱是务，惟氓庶亦应之于下。谋选举者或以方术运动，终不如橐中装足以耀人，若是则虽倡优亦或被选。吾何以知其然耶？向者，未有选举，满洲以乡会试为取士大典，然柏葰尝与优童通关节，中式人录矣。

今之选举宁有异是，若以众选不可遂私者。吾见选举之法尚在，而作奸树伪者，相枕借也。选举法中，孰不曰为选举事而以酒食游览招人者，及受其招者皆有禁锢之刑乎？孰不曰为选举事而赠财物利益于选举人者，及受其赠者皆有禁锢之刑乎？法令滋章，关防滋密，而诡窃者滋多，视之以为恒事。加以复选，则私昵者尤多。况上视贵族院，而知满洲华胄人人习为倡优。贵族院得容此曹，众议院独不得容此曹耶？尤而效之，则人情亦不为噩异矣。

夫以纳税定选权者，犹汉时以资算为郎，其点污甚。且震旦二千岁中，世爵已废，财产皆均分子姓，无以长子相续者矣。一兴选举，又以纳税为限，民之死权者，欲持以无替，父有一顷之田一廛之肆，而其税适当选格，分之数子则权去，委之长子则权存。人将以重视荣名，不顾七子均分之美，其滑乱风俗又将自此兴矣。以纳税定选权者，独有一善，曰租界工商纳税多。在外人辖下，而乡里或无铢两之租，身无选权，则不得齐夷于士伍容当作其耻心耳。虽然犹无效大驵多金，固得以敕选入贵族院；而敕选非有定格，满洲制法方县子男之赏以厉贩夫。向者以报效赏京卿，今且以报效入上院，何有于乡里选权哉！

是故通选亦失，限选亦失，单选亦失，复选亦失。进之，则所选必在豪右；退之，则选权堕于一偏。要之，代议政体必不如专制为善，满洲行之非，汉人行之亦非，君主行之非，民主行之亦非。上天下地，日月所临，遗此尘芥腐朽之政，以毒黎庶，使鱼乱于水，兽乱于泽，惴耎之虫，肖翘之物，莫不失其职姓。甚矣哉！酋豪贵族之风，至于今未沬也。

难者曰：知代议必不可行，而公等昔尝主持共和政体，何其自相斫也？应之曰：昔者吾党以为革命既成，必不容大君世胙，惟建置大总统为无害；而又慕说美利坚人哀思窈窕为我好仇，故联想及于共和政体。不悟置大总统则公，举代议士则戾，且未尝推校丁口与他国相稽也。美之丁口七千有余万，视震旦五不当一，其地三千万方里，视清所据疆土四分而三，视震旦本部以倍，然犹众建联州各为宪法，其议员亦无等差高下，然后分布得均耳。震旦不分为联州，多选议员则召喧呶，少选议员则与豪右。若分为联州耶，此土情势即又与美瓠戾。今之务在乎辑和民族，齐一语言，调度风俗，究宣情志。合之犹惧其隔阂，况剖分之？

自宋以降，南人视北人则有异，荆、扬、益三州人视岭外人则有异。地方自治始萌芽，而湖南、江苏、安徽比邻之民，又且相视若戎狄；滨海通商之地，其民羯羠不均，顾反有贱其宗国，而厚爱欧美人者。若一日分为联州，其逖离则愈甚，而南北美之战争将亟见于汉土，于民族主义甚反矣。夫山人诮泽人则以为蛙黾，泽人诮山人则以为貔狸。将由老死其乡无交通之利便故然耶？斯又未谛合震旦冠带之区，大于英德法三国。彼以政俗不同，转相鄙贱，虽交通利便不为损。今若分置联州，其相蔑相陵可知已。

抑震旦人之天性，固函阴极二极，龇阴故更互鄙夷，龇阳故争求和会。在昔魏氏代汉，梁氏代唐，以合为分，以博为俴，则讴歌者有怨志。三国分而晋混一之，南北分而唐混一之，五季分而宋混一之，江表唐蜀亦有文思憔杀之人，未闻以灭宗为怨，何者？幸同气之和合为一家，不至以戈矛相见也。故当伏其阴极，轩其阳极，令民族亲如昆弟，宁可以联州促其骚离哉？

若就民生主义计之，凡法自上定者，偏于拥护政府；凡法自下定者，偏于拥护富民。今使议院尸其法律求龙断者，惟恐不周，况肯以土田平均相配。故当时言共和政体者徒见肤表，不悟其与民族民生二主义相抵牾也。

余固非执守共和政体者，故以为选举总统则是，陈列议院则非。总统之选，非能自庸妄陵猎得之，必其尝任方面与为国务官者，功伐既明，才略既著，然后得有被选资格。故虽以全国人民胪言推举，不至怐瞀而失其伦也。至夫议员则不然，其被选不以成绩，有权力者能以势借结人，大佞取给于口舌，哗众啸群，其言卓荦出畴辈，至行事乃绝异，家有阎妻，又往往以色蛊人，助夫眩惑，既与举者交欢骋辩未终，令听者魂精颠沛，俄而使其良人上遂矣。美国之法，代议士在乡里有私罪，不得举告其尊，与帝国之君相似，猥鄙则如此，昌披则如彼。震旦尚不欲有一政皇，况欲有数十百议皇耶？他国未有议员时，实验未著，从人心所县揣，谓其必优于昔。今则弊害已章，不能如向日所县拟者。汉土承其末流，琴瑟不调，即改弦而更张之尔，何取刻画以求肖。为吾党之念是者，其趋在恢廓民权。民权不借代议以伸，而反因之埽地，他且弗论。君主之国有代议则贵贱不相齿，民主之国有代议则贫富不相齿，横于无阶级中增之阶级，使中国清风素气，因以摧伤，虽得宰制全球，犹弗为也。

夫欲恢廓民权，限制元首，亦多术矣。如余所隐度者，略有数端，代议不可行，而国是必素定，陈之版法，使后昆无得革更。其事云何？总统惟主行政国防，于外交则为代表，他无得与，所以明分局也。司法不为元首陪属，其长官与总统敌体，官府之处分，吏民之狱讼，皆主之。虽总统有罪，得逮治罢黜，所以防比周也。学校者，使人知识精明，道行坚厉，不当隶政府，惟小学校与海陆军学校属之，其他学校皆独立，长官与总统敌体，所以使民智发越，毋枉执事也。

凡制法律不自政府定之，不自豪右定之，令明习法律者与通达历史周知民间利病之士，参伍定之，所以塞附上附下之渐也。法律既定，总统无得改，百官有司毋得违越。有不守者，人人得诉于法吏，法吏逮而治之，所以戒奸纪也。总统任官以停年格迁举之，有劳则准则例而超除之，他不得用。官有专门者毋得更调，不使元首以所好用人也。在官者非有过失，罪状为法吏所报当者，总统不得以意降调，不使元首以所恶黜人也。凡事有总统亲裁者，必与国务官共署而行之，有过则共任之，不使过归于下也。总统与百官行政有过及溺职受赇诸罪，人人得诉于法吏，法吏征之逮之而治之，所以正过举，塞官邪也。轻谋反之罪，使民不束缚于上也；重谋叛之罪，使民不携贰于国也。有割地卖国诸罪无公布私行，皆殊死，不与寻常过举官邪同也。司法枉桡，其长得治之，长不治，民得请于学官集法学者共治之，所以牵独断也。

凡经费出入政府，岁下其数于民，所以止奸欺也。凡因事加税者，先令地方官各询其民，民可则行之，否则止之，不以少数制多数也。数处可否相错者，各视其处而行止之，不以多数制少数也。民无罪者，无得逮捕，有则得诉于法吏而治之，所以遏暴滥也。民平时无得举代议士，有外交宣战诸急务，临时得遣人与政府抗议，率县一人。议既定，政府毋得自擅，所以急祸难也。民有集会、言论、出版诸事，除劝告外叛、宣说淫秽者，一切无得解散禁止；有则得诉于法吏而治之，所以宣民意也。凡是皆所以抑官吏伸齐民也。

政府造币惟得用金银铜，不得用纸，所以绝虚伪也。凡造币，不得以倍见有之钱者等于一钱，不使钱轻而物益重，中人以下皆破产也。轻盗贼之罪，不厚为富人报贫者也。案：治盗贼，不当刻定臧数以论罪之轻重，当计失主所有财产而为之率。譬如家有百万金者，取二十万金犹无害；家有十金者，取三金则病甚。其为害于人有轻重，故罪亦因之为轻重。不当刻定铢两以计罪，亦犹伤人者毁婴儿一肢与毁大人一肢同罪，或且加重，不以肉之重量面积计罪也。限袭产之数，不使富者子孙蹑前功以坐大也。田不自耕植者，不得有；牧不自驱策者，不得有；山林场圃不自树艺者，不得有；盐田池井不自煮暴者，不得有；旷土不建筑穿治者，不得有；不使枭雄拥地以自殖也。官设工场，辜较其所成之直四分之以为饩禀，使役佣于商人者，穷则有所归也。在官者，身及父子皆不得兼营工商，托名于他人者，重其罪，藉其产。身及父子方营工商者，不得入官，不与其借政治以自利也。凡是皆所以抑富强，振贫弱也。夫如是则君权可制矣，民困可息矣。又奚数数然摹效代议，惟恐或失。

为难者曰：夫一国而分数总统者，可行于小国，不可行于大国，今以法司、学官与总统敌，是即三总统矣。事有稽留，则奈何？应之曰：总统不可众建者，以其议论不决也。今法司与学官各视其事，不与行政国防相奸，责有专负，事有专任，非众建之例。借观明代法制，行省有布政、按察二使，政刑分权，无他官以临其上。及满洲常设巡抚一员为行省长，学政又与巡抚抗礼，政学分权，无他官以临其上，然不闻有废事何者？各司其局，则无矮羦之忧，亦无所用争执。一省如是，一国易明也。总统主行政国防与代表外交事，他人无从旁掣曳者。斯不应以大小为比，且公知大国之总统不可众建，未知大国不可设议院也。夫小国寡民如雅典，则市民人人得以议政。今欧洲诸国，皆方雅典，搬大即揪缩为代议。汉土视英、德、法又大至五六倍，视美利坚其民则繁庶至五六倍，由是代议又不可行。行之惟有分州以治，又不足县群众，而有害于和会。是故监督政官之责，当移于法司，此形势自然也。

学术者，故不与政治相丽。夫东胶虞庠、辟雍、泮宫之制，始自封建时代，礼乐射御皆为朝廷用。孔老起与之格斗，学始移于庶民，自尔历代虽设大学，其术常为民间鄙笑。汉世古文诸师，所与交战者十四博士；宋世理学诸师，所与交战者王氏之《三经新义》。综观二千岁间，学在有司者，无不蒸腐殠败；而矫健者在民间，方技尤厉，张衡、马钧之工艺，华佗、张机之医术，李冶、秦九韶之天元四元，在官者曾未倡导秒末，皆深造创获卓然良师。且震旦为学者，常谽谾与官立庠序反对，纵校官有长艺，犹訇心致死以争之，此则一统久长，民不系于九两之效也。知学校为使人求是非，为使人致用，则学官与政官分，然犹建长理之，分帑赋之，不纯任民间自为者，以草茅设学常少数，而资财又不足以取济，或并于译人大驵之手，则国华谟而贱民兴。是故以此扶翼，不以此为本株。独以击蒙讲武之学隶政官者，由强迫教育为在官所，有事申李，法定约束，其事固专为致用，非执权者又莫能行也。

难者曰：停年格者，徒以岁月期会困人，不能得方略士，是材者不得起，而下资获遂也。应之曰：为治固当循绳墨无所用，贤且有劳者得超除，溺职者受罢黜，材者固无患其沉滞，虽下资亦自见泠汰矣。若夫跅弛异众之材，虑非平日所能逆睹，若使元首以知人善任为期，所得无过纵横之士。夫年劳可质验，而怀材不可预知，其魄兆独在言词捷给而已。以笔札唇舌自用者，率多援引声气，更相题榜，嫉人之是，用己之非。下者箪笥馈遗，以结人欢，其称誉乃日起。若主者无他肠，则误用佞人耳，若有他肠且假借尚贤之名，为顿置私人地。内观清政部选重时，虽权在胥徒，犹不能以意颠倒。今者部选之权愈轻，而督抚用人愈缪，借有一二廉直者，以不受赂遗自高，内则引用故旧，外则交通关节，犹处处见告。外观美政，总统更移，自台阁以至抱案之吏，无不随之更调，此其朋党比周为蠹已甚。故令贪夫盈于朝列，饕餮贡于大庭，犹曰美政文明，斯则戾矣。要之，国有政党，非直政事多垢黩，而士大夫之节行亦衰。直令政府转为女闾，国事夷于秘戏，此盖法家所深基者。彼停年格直不足以得高材耳，高材固不常有，偶失一二亦何害？若乃任意举措，其失人且百倍此矣。

难者曰：平时不选举议员者，虑其任豪右也；有外交宣战诸急务，而临时得遣人与政府抗议，顾不患其举豪右邪？应之曰：所为选举者，欲其伸民权宣民志也。庶事多端，或中或否，民不能预揣而授其意于选人。选人一朝登王路，坐而论道，惟以发抒党见为期，不以发抒民意为期，乃及工商诸政，则未有不徇私自环者。欧洲诸国中选者，亦有社会民主党矣。要之，豪右据其多数，众寡不当则不胜，故议院者，民之仇非民主，今以外交宣战诸急务，临时遣人，既无他端杂事，民得直以其意授之。所遣者本无政党题号，亦非以是为荣名而得摩近仕宦，若己意与舆人反，则辞谢不行可也，行者必与民同意之士。观近世郡县有冤狱，民辄公选一人，使讼于都察院。所选者率非豪右，亦无逆民意而自擅者。以其事有期验，不容以意诡更，诡更之则为舆人齰死。故奉使能致其命，以是为类例，其与平时选举议员，利害至不侔矣。

难者曰：因事加税，使地方官各询其民，此亦丛脞甚也。数处可否相错，乃各视其处而行止之，此则全国之税则，又失整齐矣。应之曰：凡以州部集民，不为丛脞。夫至众者，莫如农圃。汉世街弹之制，集县民而致之，今虽不可试行，借观农人之纳丁漕，分期赴县，率十余日而竣。此据自投匮自上仓言，若包征包粮者，则与此异。今若访问农民，亦自州县询之，夫何丛脞之有？其工商则多屯聚都会，而数亦减于农，司与府问之足矣，必不如头会箕敛之碎也。今夫土膏肥瘠川渠清浊所在不同，故田赋必不能量以一概。往者，赫德为清政府谋，令田一亩赋二百制钱。此由外人素未习东土事，故以彼国法制相衡，其实厚薄异齐，不得一往，刻定所可定者，曰顷亩长短不容彼此异耳。其赋则相地衰征，自有差事，故或有加于此，而不得加于彼。纵令农学遍行，或准古区田法，隳高堙，卑舄卤，化而膏泽，然以气有舒惨，收获犹不可齐。夫本不可齐者，则不齐亦无害矣。工商转贩一物，而远近贵贱不同，故亦相地而差赋税，此宁可以一翦刀剂之？管子有言，千里之路不可扶以绳，万家之都不可平以准。盖据有广土者，不得无是见也。夫分区而询民与分区而选举，其繁碎相若。然远西诸国取彼不取此者，其议院始牙蘖本为征税，而税实出于地主。既有地主一人足以摄千万人，是故就此访之，不必与无税之佃客议也。

中国土田农圃自主者，大半逮地权平均以后，全国无地主矣。岂有一人足以表六十万人，七百人足以表四万万人者！其外，征税及商贾之事几及百端，而议员未能悉备，又可冒昧许诺耶？若谓百事有统计表，不出户牖足以坐识万方，此虽官吏亦能知之，又何赖于议员也。且今之议员名为代表，全国非为其一邑一村，而震旦税则，全国必不能同，如欲增税，此省此道则胜之，彼省彼道则弗胜。人情素隔，而令其更互为谋，无异使夔谋蚿使鹿谋鳅也。是故就赋税计，函胡以询议员，不如分画以询齐民也。

如上所述，此政体者，谓之共和，斯谛实之共和矣，谓之专制，亦奇觚之专制矣。共和之名不足多，专制之名不足讳，任他人与之称号耳。大抵建国设官，惟卫民之故，期于使民平夷安隐，不期于代议。若舍代议政体，无可使其民平夷安隐者，吾亦将摭取之。今代议则反失是，不代议则犹有术以得是，斯掉头长往矣。名者，实之宾也，吾汉族诸昆弟将为宾乎？

《民报》第24号，1908年10月

第三编

关于“医治国病”的演说（1913）

破坏、建设，本有钩连关系。反对者诬国民党只能破坏不能建设，实不通论。盖吾党能破坏即能建设，所用的手段虽不同，而能力、作用则无不同。

兄弟初见南方革命后秩序未复，颇不谓然。即至北京，又到东三省，观察种种政治现象，实异常腐败，深堪浩叹。盖北方受了腐败专制的遗传病，较诸南方革命的激烈病，其流毒更甚。吾辈欲扫除劣政治，产出良政治，非先从医治国病，铲除专制劣根下手不可。譬诸人身已抱重病，若仍维持病人现状，直是杀之而已。民国成立，辄曰维持现状。所谓现状，亦未说明。据兄弟看来，民国非维持现状也，乃维持现病耳。若坐视腐败专制之病常存留中央，则民国共和终成梦想。故今日吾革命党对于建设民国一问题，当仍以猛进的手段，循文明的步调，急求破坏专制恶根，拼命力争共和二字，此后方有建设可言。不过主张稳健，与革命时进行稍不同而已。盖革命乃大破坏，改革不良政治乃小破坏。各国政治之演进，万不能不经破坏就能改良的。至于南北人民的心理，均属一致想望共和，绝无意见不同之虑。盖公理自在，故人心不约而同。吾同盟会当日不过二三千人，到起义之日，遍地都是革命党，足见公理之势力，足以鞭策社会。今日政治不良，人人都知道的。主张改造政府、改良政治，国民无不赞成。

自宋案发生，据中外喧传，群知主名之所在。政府若做贼心虚也者，将一切内政外交问题停止不办，表现一种无政府之状态，只知招兵购弹，保护权位，国家前途实危险已极。至于人民之大动公愤，亦发于良知，不能自禁。中山、克强均主张稳健，以法律解决。我恐怕做不到。试问杀人正犯能到法庭受审判否？若其不能，此案即非仅法律所能解决。况此案发生，各省人心异常愤激，亦有种种理由。使政府平日施政大公无私，为人民所信仰，则宋案发生，人心必不如是愤激。因政府平日行为极谬，国民已大受痛苦，故宋案发生，国民震怒，几不可遏。此亦公理不灭、人心不死的明证。试问中山、克强能劝止全国民党及国民不追问宋案正犯乎？不反对政府乎？所以，据兄弟看来，宋案当以政治解决为妥善，法律解决相提并进。若再勉强敷衍，结果终不堪问。故民党今日不必问政府如何强横、如何野蛮，只问政府行动能否合乎人道公理。若彼违反人道公理，吾党传公理人道以对付之。国民良心尚存，不患不赞成吾党，吾党共和目的不患不能达到。愿努力做去，则民国幸甚。

《民立报》，1913年4月26日

驳建立孔教议（1913）

近世有倡孔教会者，余窃訾其怪妄。宗教至鄙。有太古愚民行之，而后终已不废者，徒以拂俗难行，非故葆爱严重之也。中土素无国教矣，舜敷五教，周布十有二教，皆掌之司徒，其事不在庠序，不与讲诵，是乃有司教分，亦杂与今世社会教育同类，非宗教之科。《易》称圣人以神道设教，斯即盥而不荐禘之说也。禘之说孔子不知，号曰设教，其实不教也。观《周礼》神仕诸职，皆王官之一守，不以布于民常。逮及衰周，孔、老命世，老子称以道莅天下，其鬼不神；孔子亦不语神怪，未能事鬼。次有庄周、孟轲、孙卿、公孙龙、申不害、韩非之伦，浡尔俱作，皆辨析明理，察于人文，由是妖言止息，民以昭苏。自尔二千年，虽佛法旁入，黄巾接踵，有似于宗教者。佛典本不礼鬼神，其自宗乃以寂定智慧为主，胜义妙论，思入无间，适居印度，故杂以怪迂之谈，而非中土高材所留意。加其断绝婚姻，茹草衣褐，所行近于隐遁，非所以普教齐民。若黄巾道士者，符箓诡诞，左道惑人，明达之士，固不欲少游其藩。由斯以谈，佛非宗教，黄巾则犹日者卜相之流，为人轻蔑，则中国果未有宗教也。

盖自伏羲、炎、黄，事多隐怪，而偏为后世称颂者，无过田渔衣裳诸业。国民常性，所察在政事日用，所务在工商耕稼，志尽于有生，语绝于无验，人思自尊，而不欲守死事神，以为真宰，此华夏之民所以为达。视彼佞谀上帝，拜谒法皇，举全国而宗事一尊，且著之典常者，其智愚相去远矣。即有疾疢死亡，祈呼灵保者，祈而不应，则信宿背之，屡转更易，至于十神，譬多张罝罗，以待雉兔，尝试为之，无所坚信也。是故智者以达理而洒落，愚者以怀疑而依违，总举夏民，不崇一教。今人猥见耶苏、路德之法，渐入域中，乃欲建树孔教，以相抗衡，是犹素无创痍，无故灼以成瘢，乃徒师其鄙劣，而未有以相君也。

古者上丁释菜，止于陈设芬香，至唐世李林甫，始令全国悉以牲牢荐奠，刘禹锡蚩其不学。自尔乐备宫县，居模极殿，宛转近帝制矣。然庙堂寄于学官，对越不过儒士，有司才以岁时致祭，未尝普施闾阎，弛及谣俗。是则孔子者，学校诸生所尊礼，犹匠师之奉鲁班，缝人之奉轩辕，胥吏之奉萧何，各尊其师，思慕反本，本不以神祇灵鬼事之，其魂魄存亡亦不问，又非能遍于兆庶也。夫衣裳庐舍，生民之所以安止；律令文牍，国家不可一日废也。今以世人拜谒孔子，谓孔子为教主，是则轩辕、鲁班、萧何，亦居然各为教主矣。若以服用世殊，今制异古，故三君不能擅宗教者，此则民国肇建，制异春秋，土俗习行，用非《士礼》，今且废齐斩之服，除内乱谓亲属相乱之诛，虽孔子且得名为今之教主乎？偭其侯度而奉其仪容，则诳耀也；贵其一家而忘其比类，则偏畸也。进退失据，挟左道，比神事，其不可以垂则甚明。

盖尝论之，孔子之在周末，与夷、惠等夷耳。孟、荀之徒，曷尝不竭情称颂，然皆以为百世之英，人伦之杰，与尧舜文武伯仲，未尝侪之圜丘清庙之伦也。及燕齐怪迂之士兴于东海，说经者多以巫道相糅，故《洪范》旧志之一篇耳，犹相与抵掌树颊，广为抽绎，伏生开其源，仲舒衍其流，是时适用少君、文成、五利之徒，而仲舒亦以推验火灾，救旱止雨，与之校胜，以经典为巫师豫记之流，而更曲傅《春秋》，云为汉氏制法，以媚人主而棼政纪。昏主不达，以为孔子果玄帝之子，真人尸解之伦，谶纬蜂起，怪说布彰，曾不须臾而巫蛊之祸作，则仲舒为之前导也。自尔或以天变灾异，宰相赐死，亲藩废黜，巫道乱法，鬼事干政，尽汉一代，其政事皆兼循神道。夫仲舒之托于孔子，犹宫崇、张道陵之托于老聃；今之倡孔教者，又规摹仲舒而为之矣。彼岂不曰："东鲁之圣，世有常尊，今而废之，则人理绝而纲纪斁耶？"此但知孔子当尊，顾不悟其所尊之故。今不指陈，则无以餍人望。

盖孔子所以为中国斗杓者，在制历史、布文籍、振学术、平阶级而已。往者，《尚书》百篇，年月阔略，无过因事记录之书，其始末无以猝睹。自孔子作《春秋》，然后纪年有次，事尽首尾；丘明衍传，迁、固承流，史书始粲然大备。矩则相承，仍世似续，令晚世得以识古，后人因以知前，故虽戎羯荐臻，国步倾覆，其人民知怀旧常，得以幡然反正，此其有造于华夏者，功为第一。《周官》所定乡学，事尽六艺，然大礼犹不下庶人，当时政典，掌在天府，其事迹，略具于《诗》《书》，师氏以教国子，而齐民不与焉。是故编户小氓，欲观旧事，则固闭而无所从受，故《传》称“宦学事师”“宦于大夫”，明不为贵臣仆隶，则无由识其绪余。自孔子观书柱下，述而不作，删定六书，布之民间，然后人知典常，家识图史，其功二也。九流之学，靡不出于王官，守其一术，而不遍览文籍，则学术无以大就。自孔子布文籍，又自赞《周易》，吐《论语》，以寄深湛之思，于是大师接踵，宏儒郁兴，虽所见殊涂，而提振之功在一，其功三也。

春秋以往，官多世卿，其自渔钓饭牛而兴者，乃适遇王伯之君，乘时间起，平世绝矣。斯岂草野之无贤才，由其不习政书，致远恐泥，不足与世卿竞爽，其一二登用者，率不过技艺之官，皂隶之事也。自孔子布文籍，又养徒三千，与之驰骋七十二国，辨其人民，知其土训，识其政宜，门人余裔，起而干摩，与执政争明。哲人既萎，曾未百年，六国兴而世卿废，民苟怀术，皆有卿相之资，由是阶级荡平，寒素上遂，至于今不废，其功四也。总是四者，孔子于中国，为保民开化之宗，不为教主。世无孔子，宪章不传，学术不振，则国沦戎狄而不复，民陷卑贱而不升，欲以名号加于宇内通达之国难矣。今之不坏，繄先圣是赖，是乃其所以高于尧、舜、文、武而不算者也。

若夫德行之教，仁义之端，《周官》已布之齐民，列国未尝坠其纲纪，故上有蘧瑗、史鰌之贤，下有沮、溺、荷蓧之德，风被土宇，不肃而成，固不悉自孔子授之。孔氏书亦时称祭典，以纂前志，虽审天鬼之诬，以不欲高世骇俗，则不暇一切粪除，亦犹近世欧洲诸哲，于神教尚有依违。故以德化则非孔子所专，以宗教则为孔子所弃。今忘其所以当尊，而以不当尊者奉之，适足以玷阙里之堂，污泰山之迹耳。

谈者或曰："崇孔教者，所以旁慰沙门，使蒙古、西藏无携志。"此尤诳世之言。二藩背诞，则强邻间之，给以中国废教；藉口其实，非宗教所能驯也。昔张居正之抚蒙占，攻讨惠绥，形格势禁，无所不用，势已宾服，然后以黄教固之耳。今不修攻守之具，而欲以虚言羁致，是犹欲讲《孝经》以服黄巾，必不得矣。就欲以佛法慰藉者，自可不毁兰阁，又非县设孔教以相笼罩也。孔教本非前世所有，则今者固无所废；莫之废则亦无所建立矣。愚以为学校瞻礼，事在当行；树为宗教，杜智慧之门，乱清宁之纪，其事不便。

《太炎文录初编》文录卷二

致袁世凯二书（1913）

第一书

大总统执事：清失其鹿，民国肇兴，虽兵不血刃，百日而成，追唯事前经营之力，所以摩荡人心者，盖十有余年矣。炳麟不佞，始以历史民族之义提倡光复。时前总统孙公屏居日本，交游素寡，初与定交，同谋匡济。既而文字兴祸，絷于上海，海内为之激昂。幸得不死，东抵江户。以天之灵，黄、农、虞、夏之佑我孙子，腾书驰说，不为四百兆人遐弃，内外喁喁，延颈望义。逮乎辛亥，大义举于武昌，十有四省应如反掌。

夫唯历史民族之义足以为全国斗杓，故举兵不为犯顺，推亡不为篡盗。民国既定，以外患之亟，京宅之不可偏安，奠都宛平，躬实倡议。自以积年行事，可告无罪于同胞也。其后稍谋仕宦，发举贪墨数事，此则在官之责当然，亦以为无负于大总统也。不图谗谄交构，必欲制其死命。徒以语言不逊，谓之从乱，幽居京邸，宪兵围守者已三月矣。

炳麟以眇眇之身，始执大象，以厉国民，涉险垂危，幸而克济。其于民国，本艰难困苦而致之，虑任邪佞，以致覆亡，恩勤之心，自不能一日去于怀也。曩者孙公草创金陵，纲纪未具，政事小有凌乱；其于炳麟，又有同义肺府之亲，然犹奋笔弹射，无所避回。今之政事，视金陵何如？此自大总统所明喻。纵欲为盛朝隐讳，心既不安，且无以对孙公于前日。四万万人之所具瞻者，又不能借好言美赂而终蔽之也。防民之口，甚于防川。此之讥议，不专在炳麟一身，明矣。

既不相舍，故欲出居青岛，以反初服而养痾疾。抵书警备副司令陆君以喻此意，七日以来，终无报命。昔乐毅佐燕，以报强齐，故鼎返乎磿室，大吕陈乎玄英，蓟丘之植植于汶篁，谗人间之，亡奔于赵。以炳麟之愚戆，诚不敢自比古人也。若大总统犹以为恨，未能相释，虽仰药系组以从大命，势亦足以两解，而惧伤大总统之明耳。如可且隐忍，以导出疆，虽在异国，至死而不敢谋燕，亦犹乐生之志也。敢布腹心，唯大总统鉴之。章炳麟启。

据《顺天时报》，1913年11月9日

第二书

大总统执事：前上一书，未见答覆。迩者宪兵虽解，据副司令陆建章言，公以人才阙乏，必欲强留。炳麟不能受此甘言也。若有他故，能议公者岂惟一人！舆论纵不振于中土，若外人之烦言何？炳麟本以共和党独立，来相辅助，亦傥至而相行耳。而大总统羁之不舍，既使赵秉钧以国史相饵，又欲别为置顿。炳麟以深山大泽之夫，天性不能为人门客。游于孙公者，旧交也；游于公者，初定也。既而食客千人，珠履相耀，炳麟之愚，岂能与鸡鸣狗盗从事耶？史馆之职，盖以直笔绳人，既为群伦所不便。方今上无奸雄，下无大佞，都邑之内，攘攘者穿窬摸金皆是也。纵作史官，亦倡优之数耳！窃闻史迁、陈寿之能谤议，而后世乐于览观者，以述汉、魏二武之事也，不幸遇朱全忠、石敬瑭，虽以欧阳公之叹息，欲何观焉！今大总统圣神文武，咸五登三，簪笔而颂功德者，盖以千亿，亦安赖于一人乎？近有武汉人士招往讲学，北方亦有一二人耸之。愚意北方文化已衰，朝气光融，尚在江汉合流之地，不欲羁滞幽燕也。必若蔑弃约法，制人迁居，知大总统恪守宪法，必不为也。饱食终日，无所用心，以与朋辈优游谑浪，炳麟亦不为也。苟图其大，得屈此身以就晦冥之地，则私心所祈向者，独考文苑一事，经纬国常，著书传世，其职在民而不在官，犹古九两师儒之业。迩者方言国音字典文例、文学史、哲学史等，皆未编成，而教育部群吏，又盲瞽未有知识，国华日消，民不知本，实愿有以拯济之。同苑须四十人，仿法国成法。书籍碑版印刷之费，数复不少，非岁得数十万元不就。若大总统不忘宗国，不欲国性与政治俱衰，炳麟虽狂简，敢不从命？若繄维一人以为功，委弃文化以为武，凤翱翔于千仞，览德辉而下之，炳麟亦何愧之有？设有不幸，投诸浊流，所甘心也。书此达意，请于三日内答覆。章炳麟启。

《民权素》第2集，1914年7月15日

小过（1914）

昔清氏僭乱，夏人起而仆之。非吾兵甲足与为敌，循百姓之心，宰制于异族者三百年，故发愤期与俱尽；师出有律，又人所乐宾也。

清之当黜，久矣！自王夫之、顾炎武、朱之瑜、吕留良、据张符骧所为《吕晚邨先生事状》，本生祖父熯，淮府仪宾。先生生于崇祯己巳。北都亡时，年十六，散万金以结客，往来铜炉、石镜间，窜伏林莽，常数日不—食，事竟不就。顺治初，怨家以此讦先生，及先生从子亮功。亮功独自引服，竟论死。子度亦以忧卒。而先生幸存，怨家狺叫不已。暱先生者咸曰："君不出，祸且及宗。"先生不得已，易名光轮，出就试，为邑诸生。自癸巳讫丙午，展转十余年，仇复事定，乃得弃去。是应试非其本怀。终拒博学宏词、隐逸二举，薙发僧服，其志可知矣。卒后二十四年，其子葆中始成康熙丙戌一甲进士。人乃以身自应试及听子仕至侍从为讥，皆未详其端末也。观吕氏《南阳集》，其人本游侠诗人之流，切齿于满洲滑夏者。晚岁好言朱学，所得亦浅要，是愤明末之披倡耳。陆陇其所作祭文，自谓由吕氏闻道。其实吕所操持，未在是也。戴名世、全祖望之流，隐显不常，皆以光复期之后嗣。其后风义少衰，而戴望、孙诒让发言常有隐痛。戴望《过鲁监国墓诗》："傥寓阳秋笔，春王未敢删。"孙诒让校《亭林集》后系以诗云："亡国于今三百年。"是时尚畏清法，自署荀羕，盖以孙音通荀，诒让切羕也。其与余书，或触忌讳，亦皆署荀羕名。闾巷之甿，山泽之宗帅，甚恶胡人众矣！士大夫媮食其禄，相与推迁，久之更以光复为怪。

及君主立宪党作，盛言清室宜主中夏，以东国万世一系相准，淫风畓荡，士志颠倒。中间虽有怀怒敌忾之士，动变无恒，或归就清廷为少吏。

余始识故大总统孙公于东京对阳馆，及与陶成章、蔡元培、邹容、张继、汪兆铭、宋教仁之徒，援引义法，折其非违，而视听始变。此数公者，虽明暗殊情，狂狷异行，皆能艰难其身，以为表仪，蒙霜露，涉波涛，乞食囚絷，而不愠悔。外有陈天华、杨毓麟，皆以感慨自裁。四方之人感其至诚，亦会清政不纲，丧师蹙地，民望日移。于是日夜匡饬，规行义师，期于自相吊唁。惩艾洪秀全劫杀之举，亦不欲如汉、明初载，寻仇于同类，所以董振驯说者，若此其备也。是故士民感慕，趣义日广，覆清之声，洋溢中外。虏官知其名氏，而不敢搏。此非能自出其意，以诒佗人也。民有先觉，久更惛忘，明者儆而起之，直其更久不移，终无恇桡，所以异于浮议之士耳。

伪清宣统三年，缘因铁道事状，吏民哄于成都。武昌诸豪，因之以挤瑞澂。初发兵士，不属所将，财有四十余人，中夜走呼，而胡帅跳身舟次，一师之卒倒戈以归于我。未逮两月，淮、汉以南十有二部，北及河之东西，汾渭之滨，皆群起逐虏官，植旗反正。然其饷馈空虚，地自为制，不能相维持。武昌冣当兵冲，又初发难，群视以为中都，而地势华散，易见冯陵。诸军府虽以名义相属，独长沙与同存亡，常发兵补完丧败，其余未能奉征令也。赖其上下斟睦，军不骚动，民忘其死。直岸抗兵，而郭中市肆不变，绩妇奉壶以馔野战，翁媪稚子候门而舍番休之兵。诸生在学校者，年不及冠，而皆奉械注丸，争死前敌，虽直败衄，宁堕身沉江，而不肯北面以称降虏。由是邻国诵义，争相扶持，而伯迹始基矣。

中以士卒寡弱，军谋不臧，汉阳蹉跌，全国殆于冰解。会浙江、江苏联军攻拔南都，虏志稍挫。行李在馆，支持几三旬。于时广州、桂林、江宁三部，援师上属屯聚江沔者，殆六七万，而桂林为最劲，蓄怒未渫，骅不可御。反虏退舍百里，而称讲解。其兵士欲遁逃者，军府为置衣肆夏口，褒袍短衣，转而相贸，一日受衣致械者将百人也。夫以兵备单弱，而士心不携；居势湫陷，败余憔悴，而敌人不敢进逼，先自散降者，非独援军之为力也。不有正顺之名，哀隐之实，果毅之志，固不足以致是也。他军府虽未迫兵祸，莫不先以慈惠，董以纪律，未有妄剽略杀人者。其间虽有一二，若江西朱汉涛、浙江王逸之徒，颇亦横恣，有寇盗行，皆素未受部署，乘间而起者也。朱汉涛以纵兵骚扰，诛。王逸在浙东，亦有能裁制之者。上齿孟、荀所称仁义，意者旁皇惧于后诸？其必上轶汉、明，下陵近世曾、左之师，明矣！曾、左之师，号为不嗜杀人，然齐民被迫转俘为婢妾者，不可胜数。义军固无是也。若夫恐猲取财，时或有之，只以施诸清时贪吏，未尝施于农商之家。胡林翼云：非贪吝不能聚财，非酷暴不能取贪吝者之财。明怀宗之劝募，而无一应者。李自成之脑箍，而尽室以献。则林翼所为可知矣。比于义军，远不相若。若李鸿章之徒，弥不足道矣！

南都既举，初建政府，手无魁柄，军士不属也。或有逢迎螯心，以与武昌间构。褊者欲因事稍修前怨。上下触牾，恶声日腾。武昌诸将东行观政者，或几以小忿致戮。江流之岸，华为两戍，战不相问，盟不相咨。于时旧士散在上下两都，京邑寡援。主者不念吉凶同患之义，而更招致票狡不识大体者，与之亲比。旧时数年之所纠合同志，率不过二千。一朝求附丽为徒属者，日莫簿阅署名，几五千人。又更聚集白徒，以给卫旅，细人投间，藉威假名。司令之櫜，散而不可纪；易币之符，缗而不可校。于是民有闲言，外人脱帽致敬之礼衰矣。然犹内识本始，外不敢拂舆人之言，躬率百官，昭告孝陵，以为民极，礼也。虽公私屈匮，亟于贷质，闻浙西铁道抗议则不取，睹汉冶之谏则瞿然。南都初欲以浙西铁道质于外人，以求称贷，商人抗议，卒不果行。又欲以汉冶萍公司与日本人合资兴举，东商愿奉银二百万版给军。既署券矣，人情弗顺，莫敢言者。余时被任为枢密顾问，上书力诤者三次，卒得请而毁券。诚令涓选善士，与共政理，人心不溃，敌人亦未敢笮也。徒以性行疏嫚，不能割制，内多欲而外憙言文政；狂狡戟持其间，会集专己寡谋之士；又以少年无行、循势俛仰者奸之，更相噬啮，莫适为主；于是形涣势屈，而禄胙归于北廷矣！

夫向之仆敌，非一时之谋。勤苦劳来，涕洟相告，至于身为槼囚，怀沙赴江，用是激厉同类，示人以赤心。积累十年，应和虽众，犹不敢自谓得之。及所以突起有功者，本之仁义，而非以威力胜也。

得志之顷，造次忘其前事。向之自相匡督，与夫感慨自裁之节，皆忽略以为游尘，直道殣视之矣。退身不悟，而犹营聚诊轻，资以威宠，拥为议人，而付之国论。夫少年之性，难为闲阈，而易用漂荡也。精脉方刚，其睹成事又易，则论议宕而自恣，陵猎大吏若扈养。然此足以祸一身，犹不能牵率同类，与之俱顿也。宅京稍久，渐益染其淫俗，诸所以为抗音嚆言者，乃在挟持执政，视财赂为通塞物；或间之，琛币公行，甘言觌生，向者茸技之官，奔亡之虏，游食于北都者，乘其阽危，阳与为好，而阴蠹害其事。于是盟败约解，人自相疑，丑声彰于远近，而大势崩矣！

《易》曰："革而当，其悔乃亡。"言远咎之不易也。又曰："舍尔灵龟，观我朵颐。"言肉食之昏其智也。且夫曩时以布衣游旅，未有一民之役，尺土之藉，片言誓约，而天下雷动，驱叱胡戎，疾于转毂。及其势藉已成，不及二岁，而江南为丘，沔口道茀。往始人惟恐其不成，终后人惟幸其速败者，何哉？侮唇齿之援，弃同德之好，远忧勤之人，而任娃扰之士也！

《检论》卷九

大过（1914）

民国既兴三年，教学日偷，商贾多诳豫，在官者皆为须臾秩禄，亡久长心。

客有访于章炳麟者，曰："清世之治，所谓荡荡无纲纪文章也，然上不循法守，而下犹少宴安之民。

"治经者不足以谋仕宦，终身不离薪水之劳，然犹亶心攻苦，忍负下而为之，卒其所开斥者，或高出汉师上。算事始梅文鼎，终李善兰、华蘅芳。由今隐之，诚不尽便速也，学术无短长，要以胸府独见为贵。其时西来异书既寡，勤而后获，取诸其怀，非受之外师、录之故书而已。所营不可以得美禄，而嗜味之不衰。

"商贾虽徒知转贩，不识孳殖之道，其性树悙，有守信而无侇慝。岂谓伪诈不可以致苟富？盖为兼终计也。季世若胡光墉、盛宣怀辈，资货有余，营构稍广，其人亦与成勋重人相要，及在市曹，贵倨终不加于同列。有所经画，不入声色、淫条章，而事贯既成，不幸覆败，仰药以死，而不肯乞活灌柞之中。虽未逮古人所称大儒良贾，其勤勇不雕，可多也。

“吏道诚污，其始犹有直言之臣，字民之长，饬身之吏。无改上之昏德，而庶减苛恙于民萌，诛黜得加于其权幸。比其将亡，吏人比屋而可诛矣，可道者犹有三数。若其酗于燕饮，淫于女乐，劳于投博，终日蠕动而忘政之功苦，终不如今日甚也。

“民国既建，胆饰旧污，宜有以蹶其生，顾所务悉反是。

“学子徒望卒业信书，而不苦身服劳，先时之所钞撮，既宦遂忽忘之。诸科目已仕者，苟得金石玩好、宋椠之册，以观虚华，而不求其是非。乃者或以诵法旧闻为迂。今虽有治新学者，问其肆业积年，与其所得高下，则以为腐生之谈矣。

“吏与游民，集资以称市贾。拙者岁初榜题，不及伏腊而已闭门。工者数岁或不折阅，而掊同贾铢集之资，为己蓄藏坛堂集议，无势贵近援者不得与焉。虽有奇羡，其财终已不为主人宰制。工拙虽殊，其诈欺取财均。且破产以后，犹得践事朝列以宠其身，虑不为贾人保信与佗日退处地也。

“及夫吏道，当何所讥哉！夕问诸声伎之门，朝何诸异域之设廛肆者，则可矣。观其所为，微独道义不可以相谕教，虽利害固不可说。利害之可说者，直其感忽之益，目前之创也。稍隐深者，则扪耳疾走尔。

“语称‘贞固足以干事’‘无恒不可以为巫医’，无信犹车无輗軏，不可行也。斯乃老生田畯之所习识，其道佣近而彻于万方。外瞻强邻，百邑不骞。今中土一切丧其恒信。命吏之诃人者，以持械寇暴为贼乱。诚诊其实，嗛鼠藏而伏狸偷者遍满也，则朝野皆游闲贼民。意者中国其遂亡邪？是何昔人之有长思，而今颛为堕身绝嗣之计也！敢问先生，救之何道矣！”

章炳麟曰：“事生有基，固不妄致也。

“夫民穷匮而无宿粮，入学已难，而责其终身治之？都市之龚用者，廿年之校，其差殆六七倍，则吏不能无盗窃。贾无藏资，固将奸以行之也。重以职役日尊，居士日贱，苟内朝吏而外工贾，其以一人兼制，宜矣。

“且事孰有大于革命改制？前世之创业者，或连兵一纪，死人多于枲蕉，直其罢极而后收之其旧朝贪人恶吏，未有不诛也。今倡义不过四月，天步遂夷，而致届不及墨吏。人民见其成功之易，其佗小事，谓愈可以徼幸得之。墨吏以曩日不绁刑诛，以为贪残不足以丧望实，就有弹治，财及曹司、县令。苟位高而以臧污诛者，不在本事，又自横以他故得之；自非他故，则异党歆羡而求代兴，宪司乃为造攻具也。善为前却，尽色养于达尊，虽取得巨万，而理官不敢诘焉，其侮事偷得又宜也。况于政令骤更，谗椓不息，所芘以为国者，则闯然汋谍爪牙之士耳。

“《中论》有言：王莽亦求名儒、征术士，其实囚之也，使进不得陈其谋，退不得安其身。是则以纶组为绳索，印佩为钳铁也。斯与笼鸟槛兽何异？《亡国篇》。夫忮心成于内，而奸诇横于外，暴察亟行，死亡无日，则人人不为卒岁之计。逮乎民心骚离，邻国责言，国之存亡，中人不能保以五稔，则愿者委运，黠者争于先得，冀国破而家不亡。诸所以为苟偷者，其本不过数事而已矣。

“且夫暴察之政，可以慈惠改也；媮冒之吏，可以名法黜也；穷匮之生，可以撙节救也，上诚司契而不恣行，动遵法式，用财以度，民亦效上而能忍久，上下靖恭，则强敌弗能侮也。何有终岁愒息，所念不及晷动移闲邪？夫饥者易为食，渴者易为饮，正今之救时者，无必有高材殊能，直心术旋棡之间耳。

“独其成功之易，事已往矣，而不可睹其难成。虽然，此皆新生之儳见，降吏之所诵言也。夫事收效易者，其作始常至艰难。中人之智，徒知餐食成于俄顷炊甑之劳，固不悟治稼之疲也。今先时创谋者虽颇凋丧，其他或以小器易满，不能知忧思，而涉变复知患难者，尚四五人。诚令追迹前事，念始谋之不易，与一身颠沛屏营之状，宜有俶焉动容、潸焉浥涕者矣。

“陈琳有言：‘微物尚不可欺以得志。况临大事，而有以仓猝狡戏致之者也？然存者多窜海外，常士日用而不与知，狃于见迹，以为万事悉然，此复何所怪乎？循今之俗，前世所谓土崩瓦解者，尚不可以幸致也，直如鱼烂而已矣！

“吾侪虽廛，不为偷惰，不敢以昔人为无闻知。丁其讫录，惧人皆死，而我独存，虽追告何益焉？且客言过矣！世有兵械不良，选士寡弱，闻简书而恇然者，常道也；责言竞至，而都邑官府更宴如，则中有不可道者矣。岂徒士大夫之咎邪？”

《检论》卷九

自述学术次第（1914）

余生亡清之末，少惎异族，未尝应举，故得泛览典文，左右采获。中年以后，著撰渐成，虽兼综故籍，得诸精思者多，精要之言，不过四十万字，而皆持之有故，言之成理，不好与儒先立异，亦不欲为苟同。若《齐物论释》《文始》诸书，可谓一字千金矣。晚更患难，自知命不久长，深思所窥，大畜犹众。既以中身而陨，不获于礼堂写定，传之其人，故略录学术次第，以告学者。顷世道术衰微，烦言则人厌倦，略言又惧后生莫述。昔休宁戴君，著书穷老，然多发凡起例，始立规摹，以待后人填采。其时墨守者有元和惠氏，尚奇者有长州彭氏，皆非浮伪妄庸士也。人多博览，亦知门径，一身著述，既有不暇，则定凡例以俟后生，斯亦可矣。今者讲诵浸衰，徒效戴君无益。要令旧术之繁乱者，引以成理，所谓提要钩玄，妙达神旨，而非略举大纲，为钞疏之业也。敢告诸生，亹亹不已，识大识小，弘之在人。

余少年独治经史通典诸书，旁及当代政书而已，不好宋学，尤无意于释氏。三十岁顷，与宋平子交。平子劝读佛书，始观《涅槃》《维摩诘》《起信论》《华严》《法华》诸书，渐近玄门，而未有所专精也。遭祸系狱，始专读《瑜伽师地论》及《因明论》《唯识论》，乃知《瑜伽》为不可加。既东游日本，提倡改革，人事繁多，而暇辄读藏经。又取魏译《楞伽》及《密严》诵之，参以近代康德、萧宾诃尔之书，益信玄理无过《楞伽》《瑜伽》者。少虽好周秦诸子，于《老》《庄》未得统要。最后，终日读《齐物论》，知多与法相相涉，而郭象、成玄英诸家悉含胡虚冗之言也。既为《齐物论释》，使庄生五千言，字字可解，日本诸沙门亦多慕之。适会武昌倡义，束装欲归。东方沙门诸宗三十余人属讲佛学，一夕演其大义，与世论少有不同。东方人不信空宗，故于法相颇能听受，而天台、华严、净土诸巨子，论难不已，悉为疏通滞义，无不厌心。余治法相，以为理极不可改更，而应机说法，于今尤适。桂伯华初好华严，不喜法相，末乃谓余曰："今世科学论理日益昌明，华严、天台，将恐听者藐藐，非法相不能引导矣。释迦之后，弥勒当生，今其弥勒主运之时乎？"又云："近世三百年来，学风与宋明绝异。汉学考证则科学之先驱，科学又法相之先驱也。盖其语必征实，说必尽理，性质相同尔。"斯言可谓知学术之流势者矣。余既解《齐物》，于老氏亦能推明。佛法虽高，不应用于政治社会，此则惟待老庄也。儒家比之，邈焉不相逮矣。然自此亦兼许宋儒，颇以二程为善，惟朱、陆无取焉。二程之于玄学，间隔甚多，要之未尝不下宜民物。参以戴氏，则在夷惠之间矣。至并世治佛典者，多以文饰膏粱，助长傲诞，上交则谄，下交则骄，余亦不欲与语。余以佛法不事天神，不当命为宗教，于密宗亦不能信。

余治经专尚古文，非独不主齐、鲁，虽景伯、康成亦不能阿好也。先师俞君，曩日谈论之暇，颇右《公羊》。余以为经即古文，孔子即史家宗主。汉世齐学，杂以燕齐方士怪迂之谈，乃阴阳家之变。鲁学犹近儒流，而成事不符已甚。康成所述，独《周礼》不能杂以今文。《毛诗笺》名为宗毛，实破毛耳。景伯谓《左氏》同《公羊》者什有七八，故条例多为元凯所驳。余初治《左氏》，偏重汉师，亦颇傍采《公羊》，以为元凯拘滞，不如刘、贾闳通。数年以来，知释例必依杜氏；古字古言，则汉师尚焉。其文外微言，当取二刘以上，元年之义，采诸吴起，专明政纪，非可比傅乾元也。讥世卿之说，取之张敞，所指则季氏、田氏、赵氏，非如《公羊》谰言崔尹也。北平历谱、长沙训故之文，汉以后不遗只字，余独于《史记》得之。《十二诸侯年表》所载郑妾梦兰、卫鞭师曹、曹人弋雁诸事，左氏皆不志其年，而《年表》有之，斯必取诸历谱者矣。采用传文，时或改字。观《尚书》改字本于安国，则知《左氏》改字于长沙矣。所次《左传读》，不欲遽以问世者，以滞义犹未更正也。《毛诗》微言，所得尤众，藏之胸中，未及著录。今则亡矣。

余少读惠定宇、张皋文诸家《易》义，虽以为汉说固然，而心不能惬也。亦谓《易》道冥昧，可以存而不论。在东因究《老》《庄》，兼寻辅嗣旧说，观其明爻明象，乃叹其超绝汉儒也。近遭忧患，益复会心。然辅嗣《易注》，简略过甚；康成爻辰之说，诚无足取。以《礼》说《易》，则可谓有所甄明。《易》者，藏往知来之学，开物成务之书，所叙古今事变，不专为周氏一家，则康成有未及也。近欲有所论著，烦忧未果。惟条记数事，亦足以明《易》道之大矣。《上经》以“乾”“坤”列首，而《序卦》偏说“屯”“蒙”。“屯”者草昧，“蒙”者幼稚，此历史以前事状也。“屯”称“即鹿无虞”，斯非狩猎之世乎？其时人如鸟兽，妃匹皆以劫夺得之，故云“匪寇婚媾”也。然女子尚有贞而不字，君子尚有舍不从禽。廉耻智慧，民之天性，故可导以礼而厚其生。“蒙”始渐有人道，故言“纳妇”。婚姻聘币，初与买鬻等耳，故云“见金夫不有躬”也。“需”为饮食宴乐，始有酒食，乃入农耕之世。“观”说“神道设教”，《易》明宗教之事惟此耳。而“观我生”“观其生”者，展转追求，以至无尽，则知造物本无，此超出宗教以上者也。“观”之所受曰“噬嗑”，“先王以明罚敕法”。大凡肉刑皆起宗教，蚩尤泯棼，九黎乱德，人为巫史，五虐之刑亦作焉。参及域外，则有以违教而受炮燔之刑者矣。“噬嗑”有灭鼻灭趾之象，斯所以继“观”也。受“噬嗑”者为“贲”。“贲”者文饰，今所谓文明也。而君子以庶明政，无敢折狱，故称“贲其趾，舍车而徒”，是为废刖足而代以髡钳役作也。又称“贲其须”，则并除髟刑也。其卦亦及妃匹之事，言“白马翰如，匪寇婚媾”者，文明之世，婚礼大定，立轺骈马，于是行矣。然亲迎御轮，亦仿古者劫掠而为之，如系赤韨以仿蔽前耳，故亦称“匪寇婚媾”。“睽”亦称“匪寇婚媾”。王辅嗣说此爻，即以文明至秽为说，所谓君子以同而异也。足知开物成务，其大体在兹矣。“屯”称“利建侯”，象曰“宜建侯而不宁”；“比”称“不宁方来，后夫凶”，象曰“先王以建万国亲诸侯”。“屯”之侯，部落酋长，无所统属者也；“比”之侯，封建五等，有所统属者也。所谓“不宁”者，即《考工》所谓“宁侯”“不宁侯”耳。酋长无统，不属于王所，故不宁为宜也；五等有统，来享来王，故不宁方来化为宁侯也。“后夫凶”者，若涂山之会，防风后至而戮矣。所谓“屯”者，亦不必远在上古，后世蛮夷犹尔。三代之五等，“比”之侯也；三代之荒服、汉之边郡属国、近世漠北漠南，“屯”之侯也。“豫”言“利建侯行师”者，周秦汉之侯王，大分圭土，以封功臣，其柄操之自上。“晋”言“康侯”，康训为空，则秦汉之关内侯，唐以来之虚封矣。罢侯置守，改土归流，《易》无明文，于“晋”乃隐示之意。《下经》始“咸”“恒”，亦主夫妇之道，其言变事又多矣。“姤”称“女壮”，而象云“后以施命诰四方”，以一阴承五阳，则乌孙、匈奴之妻后母，卫藏之兄弟同室也；然“施命诰四方”者，不得格以中华礼法，汉且以诏公主矣。“归妹”为人之终始，《上经》之“泰”，但言“帝乙归妹”耳；《下经》乃说“其君之袂，不如其娣之袂良”。观夫东方之俗，帝女不下嫁异姓，而貉俗或制其夫妇同室，惟妾媵乃得进御，即其事也。且“归妹”常道耳，象必言“天地不交，而万物不生。归妹人之终始”，其郑重至是者，亦豫为彼著戒矣。“丰”以折狱致刑，其义略同“噬嗑”，故有“折其右肱”，肉刑之事也。“解”以赦过宥罪，其义略同“贲”，故两言“解而拇”，废除肉刑之事也。余卦或言劓刖，或称天劓者，自主受者吉凶，不及法制。《易》以开物成务，故首“屯”为草昧，次“蒙”为幼稚，“需”以饮食宴乐，始为农耕之世。饮食必有“讼”者，则今人所谓生存竞争也。讼之事小者，但为两造对簿；大者则聚群攻夺，讼必有众起，指讼之大者也，是故受“讼”以“师”。夫必共甘苦听约束，然后群体固结，故有“师”然后相“比”。“师”“比”之上，宗主存焉。赋调所归，故“比”必有“畜”。有“师”有财，加以亲“比”，故“履帝位而不疚”。上下有辨，民志亦定矣。初设帝制，君民未有隔阂，是以“泰”也。自尔相沿，等威严峻，是以“否”也。其道古今人事之变，可谓深切著明矣。夫“生生之谓易”“原始要终”，知死生之说者，莫备乎“蛊”。“随”以“向晦入宴息”，以喜“随”人，受之以“蛊”。局言之，则医和所谓阳物晦时，淫则生内热惑蛊之疾耳；广言之，释氏所谓惑业苦者，大略举之矣。沉溺惑蛊，斯非惑乎？“蛊”者事也，斯非业乎？蛊食心腹，斯非苦乎？“观”之“观我生”“观其生”，展转追寻，以至无尽，而知造物本无。合之乾元，赞以“首出庶物”，“万物资始”，“云行雨施，品物流形”，而用九乃言“群龙无首”，象曰：“天德不可为首也”，义又相及。盖强阳之气，群动冥生，非有为之元本者，其曰穷理尽性，岂虚言哉！

余治小学，不欲为王菉友辈，滞于形体，将流为《字学举隅》之陋也。顾、江、戴、段、王、孔音韵之学，好之甚深，终以戴、孔为主。明本字，辨双声，则取诸钱晓征。既通其理，亦犹所歉然。在东闲暇，尝取二徐原本，读十余过。乃知戴、段而言转注，犹有泛滥。繇专取同训，不顾声音之异。于是类其音训，凡说解大同，而又同韵或双声得转者，则归之于转注。假借亦非同音通用，正小徐所谓引伸之义也。同音通用，治训故者所宜知，然不得以为六书之一。转复审念，古字至少，而后代孳乳为九千，唐宋以来，字至二三万矣。自非域外之语，如伽、佉、僧、塔等字，皆因域外语言声音而造。字虽转繁，其语必有所根本。盖义相引伸者，由其近似之声，转成一语，转造一字，此语言文字自然之则也。于是始作《文始》，分部为编，则孳乳浸多之理自见，亦使人知中夏语言，不可贸然变革。又编次《新方言》，以见古今语言，虽递相嬗代，未有不归其宗，故今语犹古语也。凡在心在物之学，体自周圆，无间方国。独于言文历史，其体则方，自以己国为典型，而不能取之域外。斯理易明，今人犹多惑乱，斯可怪矣！《新方言》不过七八百条，展转访求，字当逾倍。余成书以后，犹颇有所得者，今亦不能自续。弟子有沈坚者，实好斯事，其能继余之志乎？

余少已好文辞，本治小学，故慕退之造词之则，为文奥衍不驯。非为慕古，亦欲使雅言故训，复用于常文耳。犹凌次仲之填词，志在协和声律，非求燕语之工也。时乡先生有谭君者，颇从问业。谭君为文，宗法容甫、申耆，虽体势有殊，论则大同矣。三十四岁以后，欲以清和流美自化，读三国两晋文辞，以为至美，由是体裁初变。然于汪、李两公，犹嫌其能作常文，至议礼论政则踬焉。仲长统、崔实之流，诚不可企。吴、魏之文，仪容穆若，气自卷舒，未有辞不逮意、窘于步伐之内者也。而汪、李局促相斯，此与宋世欧阳、王、苏诸家务为曼衍者，适成两极，要皆非中道矣。匪独汪、李，秦汉之高文典册，至玄理则不能言。余既宗师法相，亦兼事魏晋玄文。观夫王弼、阮籍、嵇康、裴頠之辞，必非汪、李所能窥也。尝意百年以往，诸公多谓经史而外，非有学问，其于诸子佛典，独有采其雅驯、摭其逸事，于名理则深惎焉。平时浏览，宁窥短书杂事，不窥魏晋玄言也。其文如是，亦应于学术耳。余又寻世之作奏者，皆知宗法敬舆，然平彻闲雅之体，始自东汉，讫魏晋南朝皆然，非敬舆始为之也。中书奏议，文益加详，一奏或至五六千字。若在后代，则览者易生厌倦，故宋时已有贴黄，清初且制全疏不得过三百字，斯由繁而不杀，成此穷反也。曾涤生窥摹陆公，颇复简约，其辞乃如房行制义。若素窥魏晋南朝诸奏，则可以无是过矣。由此数事，中岁所作，既异少年之体，而清远本之吴魏，风骨兼存周汉，不欲纯与汪、李同流。然平生于文学一端，虽有所不为，未尝极意菲薄。下至归、方、姚、张诸子，但于文格无点，波澜意度，非有昌狂偭规者，则以为学识随其所至，辞气从其所好而已。今世文学已衰，妄者皆务为骫骳，亦何暇訾议桐城义法乎？余作诗独为五言。五言者，挚仲治《文章流别》本谓俳谐倡乐所施。然四言自风雅以后，菁华既竭，惟五言犹可仿为。余亦专写性情，略本钟嵘之论，不能为时俗所为也。

余于政治，不甚以代议为然，曩在日本，已作《代议然否论》矣。国体虽更为民主，而不欲改移社会习惯，亦不欲尽变旧时法制。此亦依于历史，无骤变之理也。清之失道，在乎偏任皇族，贿赂公行，本不以法制不善失之。旧制或有拘牵琐碎，纲纪犹自肃然。明世守法，虽专制之甚，乱在朝廷，郡县各守分职，犹有循良之吏。清世素不守法，专制之政虽衰，督抚乃同藩主，监司且为奴虏，郡县安得有良吏乎？逮乎晚世变法，惑乱弥深，既恶旧法之烦，务为佚荡，以长驾远驭为名，而腐蠹出于钧府，鱼烂及于下邑，夫焉能以旧法为罪也！尚新者知清政之衰，不知极意更其污染，欲举一切旧法尽废夷之。主经验者又以清政为是，踵其贪淫，而不肯循其法纪。斯犹两医同治一疾，甲断为热，乙断为寒，未知阴阳隔并，当分疏而治之也。余独以为旧法多可斟酌，惟省制当废耳。一省小者或为二三道，大者或为三四道，道不过六七十部，所部不过二三十县，犹大于汉之列郡，而司察可周矣。明世设分守道，即布政司参政、参议也，名曰分守，即与汉时太守相同。清时并去司衔，则布政司之权已分。使各道隶于督抚，曷若隶于中央，而以巡按监之为愈乎？督抚可以挠守道之权，巡按但主纠察，不能挠其政权也。边方斗绝，兵民之政难分，户口之数寡少，自可别为区处，不当以是概内地也。省制不除，非独政纪不能清理，而地方自治之法，亦难以见诸实行。地方稍小则能自治，过大则未有不疏略诞慢者。明时以布政使专主省事，晚设督抚，不能专有其地，明督抚甚多，一省或二三人。而政治已渐有牵制矣，况军民同主乎？然自两汉以下，制度整齐，莫如明世。清世因循其法，虽稍汗漫，亦未至如唐宋甚也。明之亡国，在以常法议军事，知兵宿将，倚为干城者，失一要塞，陷一藩城，无不依律处戮。熊廷弼之传首，杨嗣昌之自杀，皆坐此也，终于为敌报仇，而为清所禽制矣。清之亡国，在以军法处民政，官常计典，视若具文。最后二三十年，以赃盗罢遣者，逾数岁亦还起复，钱粮侵挪之考成，风厉杀人之罪状，始则严于小吏，缓于大僚，其后小吏亦多不治。贿积于上，盗布于下，民怨沸腾，又安得不瓦解也！是故明政踬于应变，清政绌于守常。言政治者，本多论常道耳。且守法之弊，能令胥史把持，得因受贿，然所取本非甚巨，亦不敢破律败度为之；议既定矣，又不保长官之觉察否也；释法之弊，胥史无受赇之门，而大臣乃为奸府，其破律败度，得以破格应变为名，其所取又十倍于胥史，而复更无长官以觉察之也。三百年以来，言胥史蠹败者多矣。清平之世，长官寡过，其忿疾胥史自可也；及于末世，士大夫之行，乃较胥史愈下，而复昌言骂詈，其忸怩不已甚乎！明世长官，不敢恣意为非者，饬法循纪之效也，然犹设都察院以督百僚。自洪武讫于隆庆，台宪著效，吏治甚清。万历中年以降，言官始有分曹树党，而杨、左诸公之风节，于国事终非无补也。清世虽循旧设官，内多惩忌，台宪之职已轻，然大吏奸私，尚颇因之发觉。末世乃有受财鬻奏，毛举细故者，则以风宪官吏犯赃，罪加二等之制，浸废不行也。向令清无察院，其昏乱又何所底止矣！余向与总统孙公，论政多所不合，其谓中国有都察院，制度善于他方，适与鄙心相中。及南都建设，余以议员或难专任，亟怂恿设评政院，遂著之约法焉。虽然，此非可以虚名取效。余从政时所有条议，多未存稿。

余于法律非专，而颇尝评其利害。以为当今既废帝制，妖言左道诸律，固宜删刊；其旧律有过为操切，反令不行者，与自相缪戾者，删改亦宜也。而今律之缪亦多，略论如左：余以法律之要，莫如刑名。《唐律》五刑，各分等次；明世新增凌迟、充军重法，未载律条；《清律》则兼载之矣。凌迟固无人理，而流刑未足惩奸，故别增发遣充军之法，亦仿唐之加役流，而稍峻厉，此所以弥缝其阙也。今拟新刑律者，死刑以下，独有徒刑一名。虽无期五等，迭为衰次，其名曰徒刑则一也。旧律为名者五，为等十七，二死，三流，各作一等。清又加发遣及五等充军，并及准徒总徒之例，其名等已多矣。今者但有二名七等，名既阔略，则伸缩当在一等之中，而不可滥于同名之内。今之伸缩，遂有三等之差，同一罪状，而徒五年与徒六月，得以随意定之，阔绝亦泰甚矣！案，清世死刑监候，分情实、缓决、矜疑三种，律不明著，而随法吏意见以为重轻，固以情伪繁多，不可豫制。今之伸缩，亦其类也。然法官不皆平情审察，不当授权过重，刑名泰简，则伸缩相悬。名之不治，而苟且以定律，纵任法官，随其高下，此乃近于古之议事以制者，岂刑书之谓乎！然则杖笞虽废，徒刑而下，宁无他种惩罚之名？徒之五等，亦宜分剂五年耳。每一年限之中，或伸或缩，法官犹绰绰有余，而罪状不失于轩轾。自徒以上，流刑虽无所用，加役流与发遣当差，今犹可以惩创，此其大法当革者也。余观《唐律》虽宽，滞于阶级，故黎庶屈而搢绅伸。明以来渐革除矣。清制多设条例，遂有奇觚。今当变革刑名，于清时律例之破碎不完者，简练以归一剂，无取诡更旧贯，而悉以新意易之也。且监临、主守诸名，名之善者也。监守自盗本在贼盗科中，罪视强盗稍轻，而视常人窃盗为重。斯乃旧制相沿，法之至当者也。今拟新刑律者，一切以侵占目之。主守侵占官财，与常人侵占私有田宅器物，遂无所分。岂忘责任所在，与悠悠路人有殊乎？又放火，决水，坏历史、宗教之图书、建筑物者，遂科死刑；而坏常人宅舍、图书者，罪反减轻。岂焚一尼庵，烧一卷《金刚经》《新旧约》者，其罪当重；而毁广夏藏书者，其罪转轻耶？是则律为保护鬼神，不为保护生人也。清例发名臣大儒冢墓见尸者，罪至斩枭，盗大祀神御物者斩立决，过亦同此。古人已往，宜所尊敬，然法不应加重，鬼神则更当置之矣。又谋杀、故杀、斗殴杀，情罪自殊。二人以上为谋，本诸《晋律》，而《唐律》所同也。《清律》以谋诸心、谋诸人皆称为谋，已失本原，然三者犹有分剂。今拟新刑律者，遂无殊别，此亦含胡之甚者矣。又明清诸律，亲属相奸，其罪至重；今常人和奸，但无夫者即无罪，与习惯所恶已殊矣。而亲属、父子、兄弟之间，聚麀无忌。彼则曰：他国法律固然，法律不与道德相谋也。法律固不与道德相谋，岂不与人情习俗相谋耶？彼干犯宗教神庙者，罪或加重，在彼亦谓人情习惯宜然。自中国视之，亦若为道德耳。夫人情习俗，方国相殊，他国之法，未尝尽从一概。独欲屈中国之人情习俗以就异方，此古所谓削趾适履者矣。

余观《明志》，鞫问之制甚详。清亦拟议其法，其以人主亲临勾决及有改变部议者，诚为出位，而定谳平允者亦多。若夫恭请王命即行正法，此又其泰简者也。凡事固有紧急、寻常之分，不当以罪有重轻为量。彼响马江洋大盗之流，罪虽稍轻，而事关紧急，临时杀之亦可矣。杀父母、祖父母及杀一家非死罪三人者，罪虽至重，而非紧急之科，其事迹虚实，亦不如大盗之著明，则恭请王命非也。逮清末世，常罪且有就地正法者矣。今法官断罪以后，非上控者，虽至死刑，亦无再鞫之例。而上控又必延请律师，所费至巨，则是贫人常屈，而富人或有可伸耳。此其不如清初旧制彰彰明矣。旧制判狱之职，守土主之，今则别设法官，其间亦各有利害。守土主行政之事，于民多有爱憎，又事繁不暇专理，或有率尔判定者；法官于民事不关，无所恩怨，既有专职，则事稍精审，此其利也。守土奉禄有余，武断轻率者多，而受赇鬻狱者寡；法官贫乏，则受赇者自多，此其害也。宜大增法官之禄，使无他心。守土虽不能干预法事，法官有枉法受赃者，则宜付守土检举。而判决法官罪状者，当别选其人，不然则法官之朋党比周，非律所制能也。清时已得蒙古，习俗与中国异状，故刑部律与蒙古律有分。卫藏、新疆，未有所制焉。近世名为五族共和，然蒙古律，卒不可改；新疆虽建设行省，处置回人，亦宜有与内土异状者；卫藏等于羁縻，法由彼制。则新疆宜有治理回人条例，而蒙古律亦当更定刑名，凡法律条文，不必尽从域内，惟刑名则不可差池。蒙古律尚有凌迟之法，奴奸家长妻，本部人奸福晋，皆凌迟处死。亟宜废去。其九九赎刑，则以素少钱币存之可也。

余于晚明遗老之书，欲为整理而未逮也。古称读书论世，今观清世儒先遗学，必当心知其意。若全绍衣痛诋李光地佻淫不孝，实未足以为大过。台湾之役，光地主谋，使汉绪由兹而斩，欲明加罪状则不能，故托他过以讥之也。江子屏《宋学渊源记》，不录高位者一人，自汤斌、二魏、熊赐履、张伯行之徒，下至陆陇其辈，靡不见黜；而顾、黄二子为明代人物，又别为论叙以见端，诚谓媚于胡族得登膴仕者，不足与于理学之林也。其他微言难了者，尚复众多，而侈谈封建井田者为甚。是议起于宋儒，而明末遗民陈之，其意乃绝相反。除王而农别有所感，王昆绳辈意见则纯同宋儒，其他皆有别旨。宁人之主张封建，后世不明其故，戴子高犹肆口评之，甚无谓也，宋儒欲以封建井田致治，明遗民乃欲以封建井田致乱。盖目睹胡人难去，惟方镇独立以分其权，社会均财以滋其扰，然后天下土崩，而孤偾易除也。当时无独立及社会主义诸名，有之亦不可明示，托于儒家迂论，乃可引致其涂耳。自宁人以下者，斯类多矣。而清雍正、乾隆二朝，亦能窥其微旨，故有言封建井田者，多以生今反古蒙戮，又数为诏令以驳斥之。若以为沿袭宋儒迂论者，又何必忌之至是耶？然终无可奈何。及同治、光绪以还，行省拥兵于上，会党横行于下，武昌倡义，上下同谋，而清之亡忽焉。则先正之谋果效，而朽腐化为神奇之说亦不虚也。呜呼，前哲苦心，若斯者岂独一耑已！后之学者，其识之哉！

余昔在南皮张孝达所，张尝言国学渊微，三百年发明已备，后生但当蒙业，不须更事高深。张本好疏通，不暇精理，又见是时怪说流行，惧求深适以致妄，故有是语。时即答曰：经有古、今文，自昔异路，近代诸贤，始则不别，继有专治今文者作，而古文未有专业，此亦其缺陷也。十余年中，思近世学术未备，犹不止此。诸治史学者，皆留心地理、官制，其他已甚痟矣。姓氏之学，自《元和姓纂》以降，郑樵亦粗明其统绪，至邓氏辩证，渐确凿矣。元明以降，转变增损，又益繁多，未见近代有治此者也。《元史·氏族志》别是一种。刑法之学，旧籍惟《唐律》为完。汉、晋、南北朝之事，散在史传，如补兵以减死，督责以代杖，又皆律外方便之门。皆当校其异同，评其利病，又未见近代有治此者也。食货之学，非独关于租赋，而权度之大小，钱币之少多，垦田之盈诎，金银粟米之贵贱，皆与民生日用相系，此不可不论列者，又未见近代有治此者也。乐律之学，略有端倪。陈氏通义，发明荀勖之学，可谓精且博矣。然清康熙朝所审定者，丝声倍半相应，竹声倍半不相应，相应者乃八与一，九与四。其言人气折旋，必有度数，皆由证验所明，更谓丝器不可名以律吕，亦可谓得理者。而陈君犹取倍半相应之说。两者孰是，必听音而后知之，非衍算所能尽理，又未有商略是非者也。斯四术者，所包闳远，三百年中，何其衰微也！此皆实事求是之学，不能以空言淆乱者。既尚考证，而置此弗道乎？其他学术，虽辩证已精，要未可谓达其玄极。夫学术不在大小，要能精审，则可以成天下之亹亹。自百工技艺之微，所诣固有高下殊绝者，大方之粗疏，或不如小物之精理矣。故近世小学，似若至精，然推其本则未究语言之原，明其用又未综方言之要。其余若此类者，盖亦多矣。若夫周、秦九流，则眇尽事理之言，而中国所以守四千年之胙者也。玄理深微，或似佛法，先正以邹鲁为衡，其弃置不道，抑无足怪。乃如庄周《天运》，终举巫咸，此即明宗教惑人所自始。惠施去尊之义，与名家所守相反。子华子迫生不若死之说，又可谓管乎人情矣。此皆人事之纪，政教所关，亦未有一时垂意者。汪容甫略推墨学，晚有陈兰甫始略次诸子异言，而粗末亦已甚，此皆学术缺陷之大端，顽鄙所以发愤。古文经说，得孙仲容出，多所推明。余所撰著，若《文始》《新方言》《齐物论释》及《国故论衡》中《明见》《原名》《辨性》诸篇，皆积年讨论，以补前人所未举。其他欲作《检论》明之。旧著《訄书》，多未尽理，欲定名为《检论》，多所更张。而时不待人，日月亦将逝矣。昔人云：百龄影徂，千载心在。岂不痛哉！

余以人生行义，虽万有不同，要自有其中流成极，奇节至行，非可举以责人也。若所谓能当百姓者，则人人可以自尽。顾宁人多说行己有耻，必言学者宜先治生；钱晓征亦谓求田问舍，可却非义之财。斯近儒至论也。追观晚清遗吏，非无二三可取者；至于林下之风，则泯然同丧矣。亡国以后，其余臭尚未涤荡，当其在位可知也。所取于林下风者，非为慕作清流。即百姓当家之事，小者乃生民常道，苟论其至，沮溺、荷蓧之隐，仲子之廉，武侯之德，未或不本于勤生。斯风既亡，所谓见利思义，见危授命，久要不忘平生之言者，宜其澌灭而不存矣。

附录

关于太炎先生二三事

鲁迅

前一些时，上海的官绅为太炎先生开追悼会，赴会者不满百人，遂在寂寞中闭幕，于是有人慨叹，以为青年们对于本国的学者，竟不如对于外国的高尔基的热诚。这慨叹其实是不得当的。官绅集会，一向为小民所不敢到；况且高尔基是战斗的作家，太炎先生虽先前也以革命家现身，后来却退居于宁静的学者，用自己所手造的和别人所帮造的墙，和时代隔绝了。纪念者自然有人，但也许将为大多数所忘却。

我以为先生的业绩，留在革命史上的，实在比在学术史上还要大。回忆三十余年之前，木板的《訄书》已经出版了，我读不断，当然也看不懂，恐怕那时的青年，这样的多得很。我的知道中国有太炎先生，并非因为他的经学和小学，是为了他驳斥康有为和作邹容的《革命军》序，竟被监禁于上海的西牢。那时留学日本的浙籍学生，正办杂志《浙江潮》，其中即载有先生狱中所作诗，却并不难懂。这使我感动，也至今并没有忘记，现在抄两首在下面——

狱中赠邹容

邹容吾小弟，被发下瀛洲。
快剪刀除辫，干牛肉作糇。
英雄一入狱，天地亦悲秋。
临命须掺手，乾坤只两头。

狱中闻沈禹希见杀

不见沈生久，江湖知隐沦。
萧萧悲壮士，今在易京门。
螭魅羞争焰，文章总断魂。
中阴当待我，南北几新坟。

一九〇六年六月，出狱，即日东渡，到了东京，不久就主持《民报》。我爱看这《民报》，但并非为了先生的文笔古奥，索解为难，或说佛法，谈“俱分进化”，是为了他和主张保皇的梁启超斗争，和“××”的×××斗争，和“以《红楼梦》为成佛之要道”的×××斗争，真是所向披靡，令人神往。前去听讲也在这时候，但又并非因为他是学者，却为了他是有学问的革命家，所以直到现在，先生的音容笑貌，还在目前，而所讲的《说文解字》，却一句也不记得了。

民国元年革命后，先生的所志已达，该可以大有作为了，然而还是不得志。这也是和高尔基的生受崇敬，死备哀荣，截然两样的。我以为两人遭遇的所以不同，其原因乃在高尔基先前的理想，后来都成为事实，他的一身，就是大众的一体，喜怒哀乐，无不相通；而先生则排满之志虽伸，但视为最紧要的“第一是用宗教发起信心，增进国民的道德；第二是用国粹激动种性，增进爱国的热肠”（见《民报》第六本），却仅止于高妙的幻想；不久而袁世凯又攘夺国柄，以遂私图，就更使先生失却实地，仅垂空文。至于今，惟我们的“中华民国”之称，尚系发源于先生的《中华民国解》（最先亦见《民报》），为巨大的记念而已，然而知道这一重公案者，恐怕也已经不多了。既离民众，渐入颓唐，后来的参与投壶，接收馈赠，遂每为论者所不满，但这也不过白圭之玷，并非晚节不终。考其生平，以大勋章作扇坠，临总统府之门，大诟袁世凯的包藏祸心者，并世无第二人；七被追捕，三入牢狱，而革命之志，终不屈挠者，并世亦无第二人：这才是先哲的精神，后生的楷范。近有文侩，勾结小报，竟也作文奚落先生以自鸣得意，真可谓“小人不欲成人之美”，而且“蚍蜉撼大树，可笑不自量”了！

但革命之后，先生亦渐为昭示后世计，自藏其锋镳。浙江所刻的《章氏丛书》，是出于手定的，大约以为驳难攻讦，至于忿詈，有违古之儒风，足以贻讥多士的罢，先前的见于期刊的斗争的文章，竟多被刊落，上文所引的诗两首亦不见于《诗录》中。一九三三年刻《章氏丛书续编》于北平，所收不多，而更纯谨，且不取旧作，当然也无斗争之作，先生遂身衣学术的华衮，粹然成为儒宗，执贽愿为弟子者綦众，至于仓皇制《同门录》成册。近阅日报，有保护版权的广告，有三续丛书的记事，可见又将有遗著出版了，但补入先前战斗的文章与否，却无从知道。战斗的文章，乃是先生一生中最大、最久的业绩，假使未备，我以为是应该一一辑录，校印，使先生和后生相印，活在战斗者的心中的。然而此时此际，恐怕也未必能如所望罢，呜呼！

选自《且介亭杂文末编》

清学正统派的殿军——章炳麟

梁启超

在此清学蜕分与衰落期中，有一人焉能为正统派大张其军者，曰余杭章炳麟。

炳麟少受学于俞樾，治小学极谨严，然固浙东人也，受全祖望、章学诚影响颇深，大究心明清间掌故，排满之信念日烈。

炳麟本一条理缜密之人，及其早岁所作政谈，专提倡单调的“种族革命论”，使众易喻，故鼓吹之力綦大。中年以后，究心佛典，治《俱舍》《唯识》有所入。既亡命日本，涉猎西籍，以新知附益旧学，日益闳肆。其治小学，以音韵为骨干，谓文字先有声然后有形，字之创造及其孳乳，皆以音衍。所著《文始》及《国故论衡》中论文字音韵诸篇，其精义多乾嘉诸老所未发明。应用正统派之研究法，而廓大其内容，延辟其新径，实炳麟一大成功也。

炳麟用佛学解《老》《庄》，极有理致，所著《齐物论释》，虽间有牵合处，然确能为研究庄子哲学者开一新国土。其《菿汉微言》，深造语极多。其余《国故论衡》《检论》《文录》诸篇，纯驳互见，尝自述治学进化之迹，曰：

“少时治经，谨守朴学，所疏通证明者，在文学器数之间。虽尝博观诸子，略识微言，亦随顺旧义耳。……继阅佛藏，涉猎《华严》《法华》《涅槃》诸经，义解渐深，卒未窥其究竟。及囚系上海，专修慈氏世亲之书。此一术也，以分析名相始，以排遣名相终。从入之途，与平生朴学相似，易于契机。……”

“……讲说许书，一旦解寤，的然见语言文字本原，于是初为《文始》。……由是所见与笺疏琐碎者殊矣。……”

“为诸生说《庄子》，旦夕比度，遂有所得，端居深观而释《齐物》，乃与《瑜伽》《华严》相会。……”

“自揣平生学术，始则转俗成真，终乃回真向俗。……秦汉以来，依违于彼是之间，局促于一曲之内，盖未尝睹是也。……”（《蓟汉微言》卷末）

其所自述，殆非溢美。盖炳麟中岁以后所得，固非清学所能限矣。其影响于近年来学界者亦至巨。虽然，炳麟谨守家法之结习甚深，故门户之见，时不能免，如治小学排斥钟鼎文龟甲文，治经学排斥“今文派”，其言常不免过当。而对于思想解放之勇决，炳麟或不逮今文家也。

选自《清代学术概论》